U0926566

创业就是和自己的较量

黄 川 著

ENTREPRENEURSHIP IS A CONTEST WITH ONESELF

中国财富出版社

图书在版编目（CIP）数据

创业就是和自己的较量／黄川著．—北京：中国财富出版社，2019.4
ISBN 978-7-5047-6892-6

Ⅰ.①创… Ⅱ.①黄… Ⅲ.①创业—通俗读物 Ⅳ.①F241.4-49

中国版本图书馆CIP数据核字（2019）第071655号

策划编辑 谢晓绚 **责任编辑** 张冬梅 王 君
责任印制 梁 凡 郭紫楠 **责任校对** 卓闪闪 **责任发行** 董 倩

出版发行 中国财富出版社
社　　址 北京市丰台区南四环西路188号5区20楼 **邮政编码** 100070
电　　话 010-52227588转2098（发行部） 010-52227588转321（总编室）
010-52227588转100（读者服务部） 010-52227588转305（质检部）
网　　址 http://www.cfpress.com.cn
经　　销 新华书店
印　　刷 北京京都六环印刷厂
书　　号 ISBN 978-7-5047-6892-6/F·3013
开　　本 710mm×1000mm 1/16 **版　　次** 2019年7月第1版
印　　张 11.5 **印　　次** 2019年7月第1次印刷
字　　数 137千字 **定　　价** 77.00元

版权所有·侵权必究·印装差错·负责调换

前言

谨以此书，献给不甘平凡，执着于改变自己、改变他人、改变世界的人。

创业很酷，创业很苦。

所有辉煌的背后都是血水、泪水、汗水和苦水。

如果你喜欢冒险，

如果你受够了冷眼，

如果你不甘平凡，

创业就是你的天堂。

创业不是孩子们玩的过家家，而是置之死地而后生、置之亡地而后存的狂人之举。

创业，首先你要“取”。

创业不是赶潮流，创业是用实干践行使命。

所以，在创业路上，你要接受他人对你的不理解，包括家人、朋友。不理解你是很正常的事，理解你是你运气好。

创业是一场与心力、认知力、能力的较量。这场较量无关他人，只关乎自己。

创业是一场和自己的较量。正所谓“天将降大任于是人也，必先苦其心志，劳其筋骨……”

经历苦难之后，依然有对真善美的坚持，才是一个心怀慈悲的创业者。一个伟大的创业者，都是心怀慈悲、心怀善念的人。

要坚持做正确的事，而不是做容易做的事。

为学日益，创业就要不断拓宽自己的认知边界。

在当下瞬息万变的商业环境中，创业者要跨越一个个认知鸿沟，跨越一个个非连续性①。

创业是一门决策实践，决定决策效率高低的是你的认知宽度。

创业需要知行合一。创业时既要能当老板也要能睡地板，要手比头高，而不是眼高手低。

知易行难，以知促行，以行圆知，知行合一。

如果，你只喜欢夸夸其谈，

如果，你害怕风吹雨打，

如果，你惧怕流血、流泪、流汗……

这本书不适合你，因为它不是“心灵鸡汤”，而是创业人的心路历程。

如果你心怀梦想，不愿平庸地过一生，此书会是一盏明灯，为你指明前进的方向。

创业维艰，可是我就喜欢这种感觉。

让成功的创业不再是他人的故事，而是你的历程。

伟大的时代，愿你置身局中。

---

① 指商业环境下事物发展所经历的突变过程。任何事物都不是沿着直线进步的，而是沿着双 S 曲线进步。两个 S 曲线之间的断层，就代表着事物的跳跃发展。

目录

第一部分　心力

第三部分　能力

第一部分 心力

第一章　创业，梦想是唯一的理由

创业是一种信仰，也是一种使命

> 每个人来到这个世界上，都带有自己的使命，我的使命是什么呢？
>
> ——作者

古往今来，但凡拥有伟大成就的人，都拥有明确的使命感。

华为领袖任正非就特别重视使命感对企业、企业管理者所起的驱动作用。他认为“华为最基本的使命就是活下去”。“活下去”三个字看似简单，其中却寄托着更美好的追求——“华为立志：把数字世界带给每个人、每个家庭、每个组织，构建万物互联的智能世界。”我们可以看到，作为一个企业家，任正非关注的不仅仅是自己的企业和员工的命运，他同样关注国家和民族的命运，他的政治观与主流意识的长远目标高度吻合。正是这样的使命感，使华为紧紧抓住了时代的脉搏，“当之无愧”地成了国货之光、民族骄傲。

乔布斯说过：我的目的并不是作为世界上最富有的人死去，而是每晚睡前想着自己和团队干出了非凡的事业。小米公司创始人雷军也说过：企业家精神，就是企业家除了要将企业做好外，还要有明确的使命感去推动行业与社会进步。使命感是什么？作为一名创业者，从小处入手，你需要深思的问题是“具体做什么业务，怎样赚到钱”；从大处着眼，你需要考虑的问题是“如何实现个人与团体的价值，成就伟大的事业”。如果我们不能把普通的工作当成伟大的事业来看待，那么任何工作最终都会因为缺乏明确的方向、充足的动力、饱满的激情而变得枯燥且迷茫。使命感是企业家必须拥有的大局观与深度追求，更是决定企业能够始终向前的内在精神力量。

有人总结马云的创业真经时，提出使命感是企业发展的原动力。2001 年，马云有幸参加了比尔·克林顿夫妇的早餐会。在那次早餐会中，马云与克林顿夫妇进行了一次愉快的交谈。克林顿说，美国，无论是经济还是政治、军事，在全世界都是一流的，没有可以模仿和借鉴的对象，那么美国到底应该怎么走？作为美国总统，该把这个国家带往哪儿？依靠什么力量引导美国前进？答案很简单，是使命感让自己引导美国向前走。听到此番言论，马云豁然开朗。他想到，中国的互联网公司可以模仿雅虎、美国在线、亚马逊、阿里巴巴，但阿里巴巴能去模仿谁？一流的公司不应该是他人的复制品，阿里巴巴要跟着使命感走！

马云进一步确立了公司的使命感，那就是“让天下没有难做的生意”。在“让天下没有难做的生意”这一使命感的牵引下，阿里巴巴树立了自己独特的价值观。在阿里巴巴，价值观是决定一切的准绳，招什么样的人，怎样培养人，如何考核人，都要坚决、彻底地贯彻这一原则。从此，不乏激情的阿里巴巴有了越来越明确的方向。

2003 年，阿里巴巴在 B2B（企业对企业）领域的发展已经很好了。接下来该怎么走下去，马云很迷茫。因为当你站在第一的位置上时，往往不知道该往哪里走，因为第二、第三可以跟着第一走，但是第一没有参照物。围绕“让天下没有难做的生意”这个使命，2004 年，阿里巴巴重新确定公司目标：第一是做 102 年寿命的公司；第二是做世界十大网站之一；第三是“只要是商人，一定要用阿里巴巴”。

企业使命感，是由企业所肩负的使命而产生的一种经营原动力。使命就是做事情最深层次的目的。面对“为什么阿里巴巴当时选择了电子商务，而不是当时人们看好的其他赚钱方式”的提问，马云的回答是，只有电子商务才能改变中国未来的经济，我坚信，进入信息时代以后，中国完全有可能成为世界一流的国家，无论是政治、经济、军事，还是文化。阿里巴巴成立的时候我说过，我相信中国一定能进入 WTO（世界贸易组织），而中国的腾飞又是以中小企业的发展为基础的，我们用 IT（信息技术）武装它们，帮助它们腾飞，也帮助自己腾飞，我们也能赚钱。阿里巴巴的使命就是让天下没有难做的生意，让客户挣钱，帮助客户省钱，帮助客户管理员工。我们做每一个决定之前，都会考虑企业的使命是什么，怎样去做才会使客户的利益更大，才能让天下没有难做的生意。我们把这个使命作为阿里巴巴推出任何服务和产品的唯一标准。我们的工程师和产品设计师把我们的产品设计得非常简单，以便让客户更容易操作，我们把麻烦留给自己，这就是使命感的驱动结果。

正是“让天下没有难做的生意”这一使命感，使阿里巴巴受到了众多客户的尊重。因为阿里巴巴这个平台，不仅解决了众多中小企业的问题，也为社会创造了很多就业机会。

很多人选择创业这条路的目的都是很单纯的，就是实现财务自由。在没有足够的资本做投资人的前提下，创业便是简单的致富方式。可是，如果你只是奔着赚钱去，并且将全部的精力都锁定在赚钱上，被钱蒙蔽了创业的本质，那么，你的赚钱机器一定运行不了太久。因为一旦你眼中只剩下钱的时候，你便不再会关心用户的需求、产品的质量以及服务的优劣了，甚至不会去在意那些追随你、为你创造财富的成员的利益，而是怎样能够节省出更多资本、怎样能够实现利益最大化便怎样去做。这样做的唯一后果便是，竭泽而渔。创业千万不要只想着赚钱，而是要讲使命，有了使命你的公司才能长久存在。什么是创业？创业就是一个领导带领一个团队去完成一个使命！使命感越强，企业的动力才越强，人们才会认可你。

伟大的创业者，都是疯狂追求梦想的人

> 每一个伟大的创业者，都是疯狂追求梦想的人。
>
> ——作者

作为一个创业者，既要仰望星空，又要脚踏实地。有了梦想，你就

能够不断地找到今天的状况和梦想之间的差距，在梦想的感召下，你会迫切地想缩短这个差距，不懈努力，或者不断地完善自己，而不是不停抱怨。只有有了伟大、明确的梦想，在创业过程中，才不会在融资遇到挫折、管理遇到困难、发展遇到瓶颈时气馁、妥协，才能够不甘心失败，才能积极解决公司发展中的问题，不给自己留下遗憾。马云曾说，我觉得创业者首先要有一个梦想，这很重要，你没有梦想的话，为做而做是做不好的，我每次创业的时候，都有一个美好的设想。

1985 年，在公司发展方向的问题上，乔布斯和时任苹果公司首席执行官的约翰·斯卡利产生了严重分歧。最终的结果是，乔布斯被自己一手创办的公司解雇。在年少梦想实现之后、在事业发展如火如荼之时，却从“权利的游戏”中惨败出局。这令乔布斯深受打击，他也曾想过就此逃离硅谷。然而，他仍深爱着自己的事业，东山再起的他终于在 1997 年重归苹果公司，带领公司扭亏为盈。《财富》杂志对乔布斯的评价是“永无止境地追求新机遇的人”。其实，所有的追求，都源于梦想，就像所有的成功，都得益于梦想的鼓励和帮助。

在《福布斯》发布的 2016 年全球最具影响力 30 位大人物中，中国有 4 位上榜，他们分别是：郭台铭、王健林、马云和汪滔。汪滔位列第 28 名，全球影响力超过排名第 30 位的扎克伯格。

汪滔创立的“大疆创新”正主导着全球无人机革命，大疆创新是消费级无人机的行业领先者，占据着 70% 的全球市场份额。汪滔是全球无人机行业的第一位亿万富翁。早在上小学时他就播下了成功的种子。

汪滔在小学时读了一本讲述“红色直升机探险”故事的漫画书后，

开始痴迷于天空。他把大部分业余时间都花在了与航模有关的读物上面。在他16岁的时候，他的父母奖励了他一架梦寐以求的遥控直升机，但没几个月直升机就被他弄坏了。基于对飞行控制系统的热爱，大三准备毕业课题时，他说服老师同意他的毕业课题方向——研究遥控直升机的飞行控制系统。

俞敏洪在畅销书《愿你的青春不负梦想》中写道："每个人的青春一定要有梦想，梦想之所以重要，我觉得有两个要素：一是对未来要有热情，二是要坚持自己的爱好。"汪滔在少年时期或许对飞行器仅仅是爱好，还没有形成明确的梦想、奋斗目标。但他心中的星星之火从未磨灭，反而在成长中逐步明确，从而演化为做世界上最好的飞行控制系统乃至世界一流无人机的梦想。最终，汪滔在宿舍制造出了飞行控制器的原型。2006年，他和自己的两位同学来到了当时的中国制造业中心——深圳，正式开启创业之路。即使公司有了知名度，汪滔依然每周工作80多个小时。

汪滔曾说过，我们不会设想去做世界二三流的产品，靠价格便宜取胜。便宜，是自己没本事，拿不出好货来。我们已经不太习惯去做一个达不到全世界最高要求的产品了，所有人都不习惯了。

正是只做世界一流无人机的梦想，让他在公司出现资金危机时、在控制技术研究屡屡失败时，仍然有连续工作72个小时的不放弃、无数深夜苦思冥想的执着、敢于大声喊出自己梦想的勇气。大疆创新从2006年深圳居民楼里的只有3个人的小公司，发展成现在拥有4000多人的行业老大，成为被全世界追赶的一家中国公司。

只要心怀创业梦想，何时起步都不晚

> 有时梦想离你很远，有时却很近。只要你不停地追寻，世界就在你的脚下。
>
> ——作者

你在开始创业时，是否经常听到这些话："算了吧，都一大把年纪了。""这个年龄创业，你在开玩笑吧。""多少岁了，就这么凑合着过吧。"很多人认为，自己已经过了创业的最好年纪了，经不起折腾了。当一个人错过了黄金学习时期，错过了黄金创业阶段后，就真的没有成功的机会了吗？

邓红是公司的001号员工，也是公司年龄最大的。那一年，她36岁，有稳定的工作、安定的生活，人生似乎已经定型，但我知道，她的梦想尚未实现。当时我说，我知道你还没有获得自己想要的成就，还拿着很低的工资，其实，你可以通过挖掘自身的优势，拼搏努力去收获更多。我的话确实说到了她的心坎上。邓红其实一直有出人头地的想法，哪怕拼搏两三年没有结果，也对得起自己。在强烈的创业梦想和破釜沉舟的勇气的鼓舞下，人到中年的邓红走出舒适区，和我一起踏上了未知的创业之路，屡屡创造出讲台上的神话。终于，她不仅收获了财富，也在自己行业内声名鹊起。人生最重要的不是过去，而是未来。

其实，如果你有梦想、有机会、有平台，不妨去试一下，在创业的道路上，不管起步多晚，都不要怕，只要愿意起步就够了。1 号店联合创始人于刚说，创业者过于年轻，往往面临眼高手低、战略方向失误、人脉关系和财富积累不足等问题，这些问题都会导致创业成功率急剧下滑；但等年龄大了再去创业，却可能因干劲不足无法激发活力而死气沉沉。但是，如果创业者年龄大了仍还有强烈的进取心和好胜心，那么，什么时候创业都不晚。

每个人都可能在某个行业攀登到某个“顶点”。但山外有山，一个人如果不满足于已获得的成就，就得把握发展契机，勇于从已有“顶点”出发，另觅新途。“从现在开始永远都不晚”，实际上也是不为过去的业绩所累而再创新业绩。

柳传志在中国科学院做了 13 年磁记录电路研究。因不甘平庸，不顾人到中年，于 1984 年和 10 个同事创办了联想集团的前身。新东方联合创始人徐小平 32 岁时出国留学，38 岁硕士毕业后没有找到工作，然后回国创业。为了生活，他做过比萨店的外卖员。如今，他已经是著名留学、签证、职业规划和人生发展咨询专家，天使投资人。三全食品公司掌门人陈泽民年近 50 岁时蹬着三轮车卖起了自己研制的速冻汤圆，如今，他已经成为世界公认的中国速冻食品创始人。

提到高龄创业，我们不得不提褚时健。褚时健，一手将乡间小厂玉溪卷烟厂发展为行业巨头红塔集团，临近退休却因贪污罪入狱，人生跌到谷底。2002 年，褚时健在 75 岁高龄时重新创业，与妻子开荒种橙，并在10年以后因“褚橙”红遍大江南北，成为亿万富翁。万科集团创始人王石感慨地说，我专程到云南山区探访他。他承包了2400亩（约1.6平方千米）山地种橙子，橙子挂果要6年。他那时已经是75岁的老人了，你想象一下，一个75岁的老人，戴着一个大墨镜，穿着破旧的圆领衫，兴致勃勃地跟我谈论橙子6年后挂果是什么情景。而6年后，褚时健已经81岁了。创业，哪里有什么最好的时间呢？

雷军，为中年人创业做了很好的表率。雷军谈起创办小米公司时说，有一天晚上我从梦中惊醒了，就像明天要参加考试一样，那场景是：我还记不记得我小时候的梦想？我还愿不愿意为这样的梦想去努力？我的一生就这样结束了吗？我从梦中醒来后就下定决心，再去试一次。那是2010年，我决定创办小米科技。当时，雷军40岁。雷军说，40多岁的人已经是老同志了。几乎没有人觉得40多岁还能创业。那时，我最大的压力是，万一弄砸了，别人会怎么看我？

虽然压力很大，但梦想激励着雷军。所以当时雷军用各种方法去克服对再次创业的恐惧、对创业失败的恐惧。在刚开始的一两年时间里，雷军劝自己保持低调、脚踏实地，直到把产品做得差不多的时候再站出来说话，这样成效会好一点。最终，小米大获成功。

中年人创业意味着拥有更多的资源，这是很多年轻创业者比较羡慕的。但中年创业者仍需要注意以下几个方面：

一是中年人创业时往往拥有一定的资源，或是有历史优势。但中年创业者也容易将资源和优势当作包袱，优势有时没帮上忙，反倒成了劣势。中年创业者要持续学习。

二是人到中年后容易故步自封，容易保守。所以一定要保持对梦想的坚持和创业的激情。

三是中年创业者要学会兼顾自己的家庭。创业确实是一件非常艰苦的事情，所以一定要把时间规划好。只要你心里有家，顾及家人的情绪，家人是能够理解和支持你的。

叫醒你的不是闹钟，而是梦想

> 有梦想的睡不着，没梦想的睡不醒。
>
> ——作者

提到“梦想”这个词，人们既熟悉又陌生。熟悉是因为每个人从小就有梦想，并且经常将梦想写在日记本上，而且很多人的梦想很伟大和神圣。被问及梦想的时候，人们都会很自豪地告诉别人自己的梦想。随着年龄的增长，人们步入社会后，被工作压力、烦琐的生活缠绕着，或是在实现梦想的过程中遇到了一些挫折。于是，人们的梦想慢慢地萎缩或是藏身于内心的某个角落。一天天过去了，人们就没有梦想了，或者离最初的梦想越来越远。

有的时候，我们不一定能够实现梦想，但我们一定要有梦想。梦想就好像汽车的发动机、就好像每天叫我们起床的闹钟一样，每当想到梦想我们就很激动、兴奋，充满积极的力量。我们需要梦想给我们指引方向，在创业的路上，我们需要梦想给我们力量。

汇丰银行近年发布了最新的全球调查报告《企业的本质》。调查显示，追求梦想、自我完善和增加财富为受访的内地“90后”创业者的最主要的三大创业动机。其中，选择追求梦想作为第一动机的比例达五成，在全球所有受访国家和地区的同龄创业者中居首位。

我曾经对我的员工说过，你们经验不如我，能力不如我，财富不如我，我真佩服你们，竟然还比我起床晚！竟然还比我晚到公司！《王立群〈读史记〉》中说，刘邦被历史的潮流裹挟向前，被迫登上皇帝之位。我也是被迫成长！想松懈时，看看马云、刘强东、马化腾，他们比我智商高、知识多、经验足、见识广，却还日夜兼程，孜孜不倦，呕心沥血，于是我无数次从睡梦中惊醒，揉揉双眼，继续努力！

努力是因为有梦想。有梦想的人，都是“自燃型”。有梦想的人，心中时刻有一团火在燃烧。从不需要催促，因为他觉得，没有成就，不是对不起别人，而是对不起自己。他不允许自己的人生这么碌碌无为。我愿意做优秀的企业。一个优秀的企业，需要好项目，需要好团队，需要好创意，需要做这么多事，怎么睡得着呢？每发现一个能做到百亿元规模的好项目，我都会兴奋不已，然后研究可能性，找懂行的人聊一聊，乐此不疲。把目标定得高一点儿，就不会为已经获得的成就沾沾自喜。

沈南鹏是红杉资本全球执行合伙人、红杉中国基金的创始及执行合伙人，也是携程旅行网和如家连锁酒店的创始人。接受采访时，《新京报》记者向他抛出了一个问题：作为投资人，你最希望听到创业者跟你探讨什么，比如商业模式？梦想？沈南鹏回答说，对商业模式的认知非常重要，因为竞争激烈，没有好的准备，没有前瞻性，就很难在竞争中生存下来。但梦想更重要，不能仅仅为了赚钱而去创业，梦想是很多创业家成功的根本原因。一个纯真的愿望，往往推动了很多伟大公司的诞生。这些对了以后，其他都是经济大潮带来的红利。在具体跟每个创业者交流时，你会发现每个公司都不一样。当创业者讲述他的商业计划时，你可以了解他对细节的关注，对产品的热情，对行业的理解，怎么看竞争对手，创业目的是什么，有没有在创业中碰到挫折，是不是会坚持到底，等等。

创业艰辛，事无巨细、又脏又累、生意低迷、公司不见起色、半死不活，看不到希望，靠什么坚持下去呢？梦想就像闹钟一样，每天都在激励着创业者去披荆斩棘。马云 30 岁以后经历过多次失败。在北京创业失败后，马云决定南下杭州再次创业。在北京的 14 个月，马云从没带团队一起去游玩，最后一天他们决定去爬长城。晚上，在一个不知名的小饭店，天下着大雪，众人大碗大碗地喝酒，一起抱头痛哭，许多人不知道第二天开始将要面对怎样的生活，最后唱起了《真心英雄》，这群走南闯北的汉子们都回避着“离别”这个对他们来说太过沉重的词。如果没有一腔热血、没有梦想，也就没有今天的阿里巴巴。

我非常认同哲学家尼采的观点——“强烈的希望，比任何一种已经被实现的快乐，对人生具有更大的激励作用。”请问，你听到充满希望的梦想的美妙声音了吗？

创业成功的关键在于突破自我设限

人永远不要给自己设限，只要你愿意相信，并神经般的执着，一切都将出现曙光。

献给所有为梦想而奋斗的追梦人。

——作者

在创业路上，是否有各种各样的顾虑、种种自我设限在影响你追逐自己的梦想，使你在创业路上止步不前？你之所以会产生选择忧虑，正是因为自我设限。当面对一件事时，你首先想到的是困难，总觉得自己无法克服眼前的困难，从而为自己的不作为寻找借口。

当奇迹营销成立的时候，这个行业的人们都说，你不是美容行业的，作为一个外来人，没资源，不懂行业，又没客户，要做模式，简直是在开玩笑！结果我研发的第一个模式——病毒式吸客，风靡整个行业。我用了两年时间，做到行业第一，拥有近 200 名员工。当奇迹营销转型做新零售时，推出了第一款产品：丝滑水。又有很多人说，你一个做教育的，做营销的，又不懂产品，想用一款水打开市场，简直是天方夜谭。但让他们大跌眼镜的是，丝滑水大火，在终端，一个店两天最高卖出 5000 瓶。有越来越多的门店找我们合作，日化店、美容院、纹绣店、母婴店、超市、美甲店等，都在卖我们的丝滑水。

董庚来公司之前是电脑城的销售人员，目前却成为了公司的骨干。最初，他毛遂自荐，想到公司的市场部。我对他的信心不是很足，一是因为他缺乏相关工作经验，二是因为他性格固执，与岗位的匹配度较低。但是他下了很大的决心，开始从各个方面突破自己。没有营销经验怎么办？董庚就虚心向公司里的前辈取经，研究客户心理、研究成功案例。为了增加实践经验，他克服了生理上的恐惧，不再惧怕坐飞机出差。不善表达怎么办？他就把自己关在会议室里，不断模拟业务情景、练习话术。最终，他两次获得了“最佳奇人精神奖”。迎难而上的董庚用自己的不懈努力证明了付出就有收获，新的突破意味着获得新的成果。如果你始终活在自己能力所及的范围内，那么一定活不出自己想要的未来的精彩。

一个优秀的人，总是愿意从内“打破”自己。正如鸡蛋，从内打破的是生命，从外打破的是食物。

请大家认真思考：是什么在阻碍你成为一名优秀的创业者？

相比其他大牌创业者，我就是一个无名小卒。不过，很多创业者在成功之前都是无名小卒。你只需要耐得住寂寞，努力工作，保持激情就够了。

为此我改变了多少？做了哪些努力？没有人天生是自带朋友圈的。即使你不健谈、不善于参加社交活动，只要你的努力被人看到了，公司的发展被人看到了，自然会有资源主动找上你。

我没有创业者的气质。无论做什么事情，拥有自信是第一步。成功创业者不拘于哪一种特定的类型。只要付出足够的努力，任何人都可能是成功创业者。

我不喜欢改变。我们要在这个时代获得成功，首先要明白这个时代的特点是什么。所有优秀的公司，都是踩着浪潮出来的。人天生是喜欢安逸的，勇于改变是创业者应有的素质。

我怕我会失败。对失败的恐惧阻挡了很多人成为创业者，但失败的风险始终存在，而且即使失败了也不意味着终结。成功的创业者都是从失败中成长起来的。

我会犯错。不管是创业还是为别人打工，只要做事就有可能犯错。问题不在于犯不犯错、犯多少错，而在于如何将你犯的错误弥补过来。

我可能不是个好领导。领导能力，都是在实践当中逐渐锻炼出来的。没有实践，怎么会知道自己不是个好领导。

创业需要的钱太多了。创业者都会遇到资金方面的问题，但资金本身不是问题，而是你如何去应对，是否锁紧预算，如何去融资。要知道，创业公司每一天都可能会倒闭。

那些成功的创业者，他们遇到的困难真的很少吗？一定不是，只是因为他们把遇到的困难一个个解决掉了，他们没有被困难击倒，他们突破了自我设限。每个人在成功道路上遇到的最大的困难，不是别人给你的，不是对手强加给你的，而是你内心的自我设限。

对于创业者来说，怎么样才算是不给自己设限？如果你认准了一个公司发展目标，认准了某个用户量指标，就要采用倒推的方式去解决。首先就是下定决心，要把它完成。然后考虑一下要把这件事干成需要做哪些工作。不管是困难的、容易的，都一一列出来，把一个个大问题分解成若干个小问题。然后想办法去解决每个问题，解决了所有问题，目标也就完成了。

有更高的愿景，才能获得更大的成就

人一定要用更高的愿景去激发自己。

——作者

记得有一次，我和女人宣言的创始人在聊天中提及了人的惰性。她认为，人是一种喜欢活在舒适圈的动物，习惯做自己擅长的事，容易满足于现状，如果自己在某方面或在自己的圈子里已经达到了较高的水平，就很可能懈怠。而人生最怕的，就是生活在群体当中，却没有目标和方向，没有更高的愿景去要求自己，五年、十年没有任何改变，虚度光阴。于是，原本唾手可得的成就，便在消磨中化为乌有了。正是惰性逐渐拉大了人与人之间的差距。

阿里巴巴在美国上市时，市值达到 2000 亿美元，新东方比阿里巴巴早 8 年在美国上市，现在的市值为 40 亿美元。新东方董事长兼总裁俞敏洪在一次谈话中，拿新东方与阿里巴巴对比，谈到了愿景与成就之间的关系。

俞敏洪反思说，同样是在美国上市，市值为什么会有这么大的差距？为什么我没有马云那么成功？我做生意，也就是做新东方，第一次就成功了，然后就觉得新东方是个宝贝，所以抓住新东方不放，把所有精力都放在了新东方的发展上。而马云呢，眼界越来越开阔，最后能抓住互联网大潮，干好电子商务这件事。

“无背景、无资金、无人脉”，多数人都认为，在中国做生意，如果是这种“三无”条件，实在太难了。马云在“下海”之初也体会到了这一点。1992 年，马云辞掉英语老师的工作开始经商。但是，做生意远比他想象的难得多。开翻译社、贩卖义乌小商品，都没能挣到几个钱。终于有一天，他突然知道有“互联网”这个东西。尽管打开一个网页需要半个多小时，但马云当机立断，创办了中国黄页。他骑着自行车把半个杭州城的老板的门都敲了一遍去拉广告，大多数人都把他当成骗子。面对这种情况，99% 的人都可能选择放弃，但是马云在这一过程中萌发的远大愿景支撑他走了下去——既然做生意这么难，我就自己办一家企业，“让天下没有难做的生意”。

众所周知，阿里巴巴取得了巨大的成功。马云又有了更大的梦想，他说，其实我觉得阿里巴巴的梦想远远没有完成，我们希望做一家寿命达 102 年的公司……我们要成为别人梦想的支撑，把阿里巴巴积累的数据、计算能力等，分享给无数追梦者、无数创业者，让他们梦想成真。

信中利资本集团董事长汪潮涌在由《中国企业家》杂志社主办的“2015（第十五届）中国企业未来之星年会”上表示，年轻人创业一定要有远大的志向和理想，不能仅仅是为了不坐班、为了生活得好一点而去创业，只有怀揣很高情怀的人才能实现伟大的创业梦想。

并且，在实现梦想的过程中，创业者要懂得谦卑、学习，懂得利用周围的资源，从导师、其他创业者甚至团队成员身上学习，找到他们的闪光点而后为我所用。马云说过，很多年以前我把比尔·盖茨当成榜样，当成自己的老师。后来我发现比尔·盖茨做不了我的榜样，因为我不知道该怎么向他学习。但是隔壁开店的老张、老王可以作为我的榜样。每个创业者要学会学习身边的人，欣赏身边的人。通过欣赏别人、学习别人来提升自己。这和更高的愿景、远大的梦想是不违背的，而是相辅相成的。

创业很苦，但坚持很酷

> 成功的一半源自坚持，很多人的一生，不是输在了没有机遇，而是输在了没有坚持。
>
> ——作者

成功来临之前，等待创业者的是各种预料到的、没有预料到的痛苦：没有资金的痛苦、家人反对的痛苦、没有人鼓励支持的痛苦……还有一个人在黑夜中奋力前行的孤独。

京东集团首席执行官刘强东有次回到母校演讲，在得知很多同学像自己当年一样胸怀创业梦想时，他提出了几点建议：其一是坚守自己的梦想不放弃，创业的道路就是一条孤独的道路，在很多时候只有你一个人能理解你自己；其二是一定要学会坚持。做任何事情都不可能是一帆风顺的，创业过程中肯定会有挫折和失败。机会随时存在，只要坚持，只要继续努力，就一定会成功。

阿里巴巴创始人马云说过，为什么我的座右铭是“永不放弃”？因为这世界上最大的失败就是放弃，在创业的过程中会经历挫折，只有永不放弃，才是成功的基石！马云在家里创业的时候，他跟 18 个创始人说，如果我们这些人能成功，那中国 80% 的年轻人都能够成功。当时没有人给他们一分钱，18 个人凑了 50 万元，计划坚持 12 个月，结果熬到第 8 个月就已经没钱了，而且没有人看好他们。如果这 18 个创始人当时就放弃了，也就不会诞生改变当今中国人生活方式的天猫、淘宝、支付宝……当时，马云选择了坚持。他和现今阿里巴巴集团执行副主席蔡崇信一起去融资，曾经被 30 多个风险投资公司拒绝。没有人看好他们所做的事，除了他们自己。马云事后感叹，“不是一个计划很重要，而是你坚持自己所做的事情很重要”。

骐骥一跃，不能十步；驽马十驾，功在不舍。坚持对于成功来说之所以重要，究其缘由，在于“此事难为”。有些人一曝十寒，有些人半途而废，好一点的“行百里者半九十”，再好一点的“为山九仞，功亏一篑”。常常是最后一把钥匙能打开门，但很多人没有那个耐心和执着。

WPS Office 是由金山软件股份有限公司自主研发的一款办公软件套装，因为具有内存占用低、运行速度快、免费提供海量在线存储空间等优势，被广泛应用，取得了巨大的成功。而这，得益于现今小米科技董事长兼首席执行官雷军对梦想的坚持。雷军在一次谈话中提到，18 岁那一年，看了《硅谷之火》这本书后，激动不已。我就想可以做点什么。中国的大学生，有没有机会像硅谷英雄一样，书写属于自己的篇章。就这样，18 岁那年，我有了坚持至今的梦想。

1996 年，金山公司的拳头产品 WPS 遭受到微软极其惨烈的打压。那时，第一波的民族软件公司基本都死了。金山也快要关门了，几乎没有收入，很多人选择了离开。金山面临一个重大选择：企业何去何从？在只剩十几个人的时候，金山做出了这样的决定：把 WPS 进行到底，把办公软件做到底。这是个极为艰难的决定，做了这个决定后，就是长达十多年“暗无天日”的金山创业史。金山把大部分优秀的人派往 WPS 项目组，同时，金山也想好了继续生存下去的方法——游击战，微软不做什么，金山就做什么。金山做了金山词霸、金山毒霸等，以战养战，挣来的钱全部用来“养”WPS。金山背着一个巨大的包袱坚持着。非常苦，更错过了很多机会。而 15 年的坚持，使 WPS 获得了一个弯道超车的机会。现在的数据是，在 PC（个人计算机）上，每个月使用 WPS 的是 5800 万人，手机上是 1800 万人，这还不包括政府采购的不联网的 WPS。

如果你选择的方向没错，就要坚持下去，不要轻易放弃。看看成功者的故事，都是历经苦难熬过来的。一次次的打击，一次次面临的各种大大小小的问题，才造就了他们今天的成功。当然，坚持肯定不是固守，而是要坚持正确的战略，但创业的策略要灵活多变，要快速迭代、快速试错、小成本试错，最终找到最佳的商业模式。

然而，创业的路上坚持的人不多。每一款新产品，从无到有，从用户为 0 到用户为 100 万人的突破，是对创业者巨大的挑战。尤其是初创者，前三四年是摸索期、阵痛期，一般需要三四年来确定方向和目标。这个阶段，对梦想的坚持弥足珍贵。

不做生活的奴隶，只做生命的主人

其实上帝不是造物主，人才是真正的造物主。

——作者

所有的成功者，都不相信命运之说，他们只相信自己。

正如达尔文的进化论所言，生物之间存在着斗争，能够主动适应或被动适应的，就能在弱肉强食的环境中生存下来，还能繁衍后代，而不能适应或是听天由命的，则会被淘汰，最终走向灭绝，这就是自然的选择。一开始，我们都是同样的，站在同一起点上，甚至还可能落后于他人，但不同的追求、不同的经历、不同的活法、不同的际遇，让人们逐渐拉大了差距。

我有一个哥哥，从小就很优秀，成绩不错，还会跳舞，在运动会上还常拿名次，甚至会修家用电器。而我除了成绩不错，其他都不是很突出。从小，父母就担心我，这孩子，怕是以后没什么出息，能养活自己就可以了。但是，我从不信这些。之前我有一个梦想，想拿诺贝尔管理学奖。后来发现，创业比这些都更有意义。我经常外出学习，学王东岳老师的哲学。就是希望老了，能像先生一样，桃李满天下。创业后，我去黑马营，认识了俞敏洪老师；去学习定位理论，认识了杰克·特劳特；去阿里巴巴，认识了马云先生；去网商大会，认识了雷军。这些名人身上，无不绽放着人性光辉。

万科集团创始人王石曾经对记者说，在1982年到深圳之前，他的生活都不是自己选择的。王石先是参军，后来上大学，可以说一直过着令人羡慕的“主流”生活。但是一种“不安分”的情绪总让他“感到压抑”。在很难主动选择生活方式的那段岁月里，王石一直向往大陆之外的碧海蓝天，“如果不是改革开放，我肯定会做一名海员，在世界各个大陆之间飘荡”。

改革开放后，王石没去圆他的海员梦，他从广州来到深圳这块“大工地”。辞去公职的他带领民工扛150斤重的麻袋，民工用不解的眼神看着他：这个城里人一定是犯了什么错，不然为何跟我们一起扛麻袋呢？在一次接受记者采访时，王石回忆这段经历时说出了当时的心里话：“燕雀安知鸿鹄之志哉。”到深圳下海是王石一生中的第一次“探险”，在市场竞争的环境里，王石感到本性中的某种东西得到了释放。他说：“我从压抑中跳出来，完全是自己的选择。尽管历经挫折，乃至遭受上级的刁难，虽九死其犹未悔。”王石到深圳后，有一段困难的经历。1983年8月，中国香港媒体报道说鸡饲料中有致癌物质，王石手上的几千吨玉米卖不出去，整个笋岗北站都堆放着玉米，赔了110万元，好在后来报纸及时辟谣，公司才没有破产；1985年进口机电市场萎缩，导致了价格大战，公司不得不裁员。另一个困难是当时的体制对公司发展的束缚，科教仪器展销中心产权并不明晰，上级单位对它的日常经营干预过多，限制了公司的进一步发展。习惯于冒险的王石并没有因此被击倒，挫折和困难反倒成了他后来创业的财富。1988年，公司更名为“万科”，王石任万科企业股份有限公司董事长兼总经理；11月，万科参加了深圳威登别墅地块的土地拍卖。12月，万科发行中国内地第一份“招股通函”，发行股票2800万股，集资2800万元，开始涉足房地产行业。自此，王石的房地产帝国开始建立。而在跳出常人所谓的主流的发展道路、冒险创业、跌倒再爬起来的过程中，王石从不受压抑情绪的控制，逐渐学会掌控自己的命运，从而成就了大事业。

现在的商业环境比王石刚刚创业时的不知好了多少。各种资源、资金、人才都非常齐备，给创业者施展抱负、成就自我提供了丰厚的条件。“再小的个体，都有自己的品牌。”这句话验证了这个时代的某种趋势：当每一位用户都拥有了可观的话语权时，越来越多的人在借助现代商业、现代技术掌握自己的命运。

几年前，快消巨头宝洁还在沿用过去“兵马未动，广告先行”的策略，新产品一旦上市，便开启一轮电视广告轰炸来配合线下店面促销，以快速占领用户心智，从而赢得市场。过去，这套策略因为行之有效所以被复制了几十年。然而，突然有一天，这一招失灵了，过去的广告宣传、公共关系、品牌管理，以及企业传媒等传统营销手段统统不再那么有效了，那些被视作撒手锏的地毯轰炸式营销传播策略，让如今的巨头显得笨拙和低效。这一切的变化当然来自移动互联网和社交工具的普及，尤其是自媒体10多年以来的发展。从资深博主面对的零星订阅，到微博大V，再到社交工具上各种短视频中的搞笑片段，现在，原本默默无闻的人开始绽放出自己的魅力，普通人也可以一呼百应的时代来了。2016年，在知名网红papi酱的广告招标会上，当21.7万元的起拍价，一路走高，最终飙升到2200万元这个数字时，现场的所有人都惊呆了，因为这个“新媒体史上第一拍”刷新了所有人对自媒体商业价值判断的尺度；而仅仅半年后，“90后”自媒体同道大叔套现1.7亿元的消息更是让圈内人羡慕不已，似乎当下是个财务自由近在咫尺的年代。很多人不禁会有一个疑问：作为一个自媒体人，什么时候悄悄地得到了如此巨大的力量？

想想看，这是多么可怕而又让人激动。

第二章　你对自己有多狠，世界就对你有多好

对自己狠一点，离成功就近一点

> 所有优秀的人，对自己几乎有变态般的苛刻要求。
>
> ——作者

创业的过程是对每个想实现人生梦想的人的心智一个磨炼的过程。让你经受精神上、肉体上的痛苦。创业者常常会把自己逼到无路可退，因为这样才能在艰苦的环境中萌发出新的方法。

自创业以来，我采用的是“7×14 小时”的工作模式，1 周工作 7 天，1 天工作 14 个小时，半夜之后才休息。有些朋友问，看你半夜 1 点多还在发微信，有那么忙吗？我说，我一直如此。每天睁眼、闭眼脑子里全都是工作。在小长假时，朋友们的朋友圈都在晒旅行、晒美食，而

我跑去深圳或者其他城市做调研，调研水品类的国内外品牌、卖点、消费者诉求、价格；调研奢侈品如何做形象包装。哪里有化妆品的展览会，哪里就有我，我去了日本、美国、意大利、法国，去全世界找好产品，满足大家的消费升级需求。最后断定 DIY 美容一定能成为化妆品品类下的新星。为什么呢？因为互联网的深度市场渗透，把原有消费者的消费习惯改变了。消费者变得更“宅”，对产品的效果、价格、购买方便程度也更挑剔。

这么拼命，是因为我深知，大多数民营企业，都是在夹缝中野蛮成长的！所以都艰难。早年的企业艰难，现在的企业也很艰难。但它们的艰难是有区别的。早期的那些企业家说，我做了一个商品，但很多大型商场都不让进，只要我的商品能够在某间大商场里卖，我就发财了。现在的艰难是满大街都是商品，我能不能做出一个别人没有的商品。但做出这个商品后很快就会被复制，即便不被模仿，但大概只能卖 3 年，第 4 年它就卖不动了，因为用户的需求在不断变化，有了更高的要求。做企业就需要不断创新，不能停歇。所以，作为一个创业者，要么被自己逼着前进，要么被市场逼着往前走。对自己狠一点儿，才能离成功更近一点儿。

在奇迹营销被称为“女王”的赵海燕就是这样一个“狠角色”。刚入行时的她缺乏授课经验，只能通过电脑学习和模仿别人。在她第一次登台授课之前的那七天里，她一直把自己关在屋里，看着电脑不断练习，对着镜子练嘴型，光是一个摆手的动作就练了几百次，每天晚上只睡三个小时，只为挤出更多时间对自己进行魔鬼式训练。到了第八天，赵海燕终于“出关”了，她的第一次授课非常成功。之后的一年时间里，赵海燕继续把所有的精力都聚焦到工作上，出场费也飙升了30倍。这些结果，在意料之外，也在情理之中。

所以，我常说，你对自己有多“狠”，市场就会对你有多好。你对自己有多好；市场就会对你有多“狠”。

我认识的一个创业者，开了一家服装厂。员工的上班时间是九点，但他通常八点就到办公室，上午召集员工开碰头会，处理邮件，解决各种问题；中午开会或者陪人吃饭，下午接待各种各样的人，晚上还要应酬。他跟我说，决定创业时，认为创业会很苦，也做好了心理准备，认为对自己狠一点儿，就能够很快成功。真正创业后才知道，对自己狠一点儿，只能离成功更近一点儿，对自己狠并不等于会成功。如果创业者不把自己逼到一个无路可退的墙角，那么公司有可能会很快消亡，因为人在一个舒适的状态下会缺失紧张和危险意识。有时创业者需要有搏一搏的勇气，创业之路肯定不会一帆风顺，这是成长的部分，把自己逼到墙角努力解脱出来后的成就感是任何东西都换不来的，因为你经历过痛苦，才会知道遇到问题要怎么做。

有一次，有一个集团临时急需100万套衣服，并规定交货期限只有一个半月的时间。参加这次竞标的有40多家企业，其中也有一些国内一流的衣服厂商，但很多公司因为工期原因选择了放弃。这位创业者当时正在事业起步期，的确缺乏像样的订单，100万套衣服不是小数，想要按时按量完成，对他来说是天方夜谭。但是，这位创业者接下来了。

没有预付款，凭借自身信誉，他向银行借了几千万元作为生产垫付款。面对500万吨的原材料，如何完成？他想了一个办法，那就是把省内外同行零散的资源聚集起来，然后组织一批企业加班加点，共同生产，并派了跟单员来回奔波，很多时候跟单员都会睡在跟单的厂房里。凭着这股狠劲，他圆满地完成了任务。而且也因为这次任务的完成，他获得了这个集团的信赖。这个集团成了他的长期合作客户，他从此有了稳定的订单。

创业其实是为了让你的客户“爽”，为了成就你的客户，为了成就你的伙伴，而不是为了让自己“爽”，自己收获的是什么？收获的是成长，而成长恰恰是创业者在创业过程中最应该去坚守的。这个过程中，充满了虐心、虐身。每个创业者都有长项，都有短板，很多人会认为自己将长项发挥到极致就够了，但创业者作为一个公司的领航者，是需要补足短板的，心性是需要磨炼的。最后你收获的就是这样一个让自己非常痛苦的蜕变过程，但这是成就事业所必需的。

创业是勇敢者的游戏，需要不断超越自己。创业是一个不太“爽”的过程，但如果你能在这种不“爽”的过程中找到成长的乐趣，将会成为一个优秀的创业者。希望这个社会有更多优秀创业者。

追梦的创业者，不被理解也无妨

> 都说创业者，介于人与狼之间，所以创业者的别称是“创业狗”。当了“创业狗”，就别希望所有人都理解你，因为你不是万能的，不能满足所有人的心理预期。
>
> ——作者

我一直很尊重的一位企业家，现在做得很成功，我们有过多次交流。但即使像他这样把企业做得这么大的人，两鬓斑白了也还在忙碌，他定义他的成功是“暂时性”的，他需要不断完善和突破自己，不断追求持续的成功，来走完自己坎坷而充满色彩的创业人生，永不停歇。他与家人相聚的时间依然很少，相互之间缺乏理解，过着别人不知道的创业生活，有着不为人知的心境。

孙子淇是奇迹营销的第 12 号员工。她骨子里有一种倔强和不服输的精神。她准备乘坐飞机到奇迹营销工作的前一天，家人们还对她只身一人去广州打拼的行为很不理解，轮番相劝。但是孙子淇的态度很坚决：“你们说的我都懂，你们都是为了我好，但是你们谁都不是我，所以你们理解不了我的心情，我想过自己想过的生活，我对自己的选择无怨无悔。”如今，孙子淇已经凭借骄人的业绩成为部门副总经理。回想当初，她不禁感慨万千。

我还认识另一位创业者，他曾经就职于一家非常大的互联网公司，在寸土寸金的城区买了房。但他出于对家乡的热爱，辞职回家乡创业。仿照“褚橙”模式，想要打造家乡的桃子品牌。他干劲十足，但很多村民并不热心。许多不可预知带来的恐惧吓跑了许多人。还有村民怀疑他别有用心。他好不容易说服了部分村民，但开山造林需要先烧山，这又让很多人打起了退堂鼓。而且有的村民找到他让他赔钱。尽管不断被误解，这位创业者还是毫不犹豫地自己掏钱赔了。在互联网公司的经历告诉他，这些都不算什么，只要认准了自己是对的，砸锅卖铁也要去做，而且要做到最好！说服大家种植桃树只是第一步，还要有好的种源。为此他一个人跑遍几个省找来最好的品种，好不容易种上了，村民却对桃树不上心，很多人对幼苗的成长状况不闻不问。为了让大家相信种植桃树是真的有成效，他经常都是早上六七点就到桃树林里，天快黑了才回家，修剪枝丫，查看果树……终于半山的桃树结出了累累硕果。桃子迎来大丰收。他通过自己之前的关系，联系了大V、一线城市的公司，订单纷至沓来。以前冷清安静的村子，一夜间变得热闹起来。那些之前对桃树生长不闻不问的村民也主动找到了他，希望好好学习种植技术，种出饱满多汁、香甜爽口的桃子。

虽然这位创业者成功了，但是他告诉我，当不被理解的时候迷茫过、背着人痛哭过，也曾经后悔过，打算放弃创业，回一线城市打拼。还好，坚持下来了，实现了当时带村民创业致富的愿望。

创业者必须克服现存所有创业之外面临的困难，只有能去面对更大的困难和挫败才能做企业家，哪怕再多的人不理解你。所以在创业前，你要自问：创业是不是为了逃避现在的职场、现在的环境？如果为了逃避而去创业，你会死得更惨。所以，企业家必须保证有足够强大的内心，别人看不到的内心，有时甚至需要伪装勇敢，强装自信，我们可以想象这是一种什么样的人生！时代赋予人们不同的责任、使命与角色，不管你觉得是幸运或者不幸地走上了这条道路，一定不要抱怨，不去理会不被理解。因为创业是你的选择，你需要尊重自己的选择；你需要尝试痛并快乐地前行，你需要满怀激情地战斗，满怀激情地热爱这个纷杂的时代以及时代所赋予你的角色。

李彦宏创立百度的时候，到各地与地方政府沟通，希望能得到一些优惠条件。但是当时，政府扶持软件行业，不懂互联网。现在，政府都在大力支持互联网行业，但他希望全行业能更早意识到人工智能的巨大作用。他鼓励创业者说："当我们不被理解的时候，大家要坚持。如果十几年前我听了一些政府领导的话，把百度变成软件企业。那估计就不会有现在的百度了。"

创业，未必能得到所有人的认可

> 不要用你现有的价值观去给"90后"新零售（或是其他项目）下你的结论。你所反对的，正是他们最宝贵的优势。
>
> ——作者

无数的优秀创业项目，最初都不被看好。无数的成功创业者，都在创业初期遭遇不被理解的白眼。投资人也是人，他们也有自己的局限性，也会有失误的时候。当遇到权威的质疑、自己的项目不被认可时，不要立即退缩，自己那么多年的辛苦与努力，怎能因为别人的几句话就轻易放弃？创业者应有自己的认知，冷静下来，分析权威的出发点，再结合实际做出自己的判断。如果只要权威或是投资人不认可，就放弃项目的话，那么这个世界就会少很多成功的公司。比如下面这些例子：

2016 年 6 月 3 日，被誉为“互联网女王”的玛丽·米克（Mary Meeker）发布了“2016 互联网女皇报告”，盘点了过去 1 年全世界互联网企业的发展和变化。其中除大家熟悉的苹果和 Google（谷歌）外，最引人瞩目的就是中国互联网企业。其中，腾讯位列第五，市值达 2060 亿美元，是中国互联网企业排名最靠前的。而腾讯在创业初期，差点儿“委身”搜狐，但没有得到张朝阳的认可。

这也难怪，张朝阳是中国最早一批互联网公司的创业者。他创立的搜狐网一度是中国最流行的门户网站。张朝阳也是不折不扣的学霸，本科毕业于清华大学物理专业，后因专业上的优秀表现获得李政道奖学金，赴美就读于麻省理工学院（MIT），获得博士学位。当搜狐在纳斯达克成功上市的时候，阿里巴巴才完成第一轮融资。这个时候的网易也才刚刚开始崭露头角。而当时的马化腾苦于有用户却没有变现渠道，前来找张朝阳，想卖掉 QQ，而张朝阳不仅果断地拒绝了小马哥，还抛出了那句经典的话：你这东西我找几个大学生不超过 3 个月做得比你的还好，你这东西根本就不值 50 万元。

今日头条和快手非常火，很多 App 都羡慕用户在它们上面停留的时间很长。2013 年左右，张朝阳拒绝了今日头条。因为张朝阳在看过今日头条的产品后觉得，这个产品实在没什么新意，而且估值还高。知名投资人李宏玮同样也错过了今日头条，他事后总结说，是因为低估了移动广告的市场规模。同样，李宏玮也为错过快手而懊悔不已，因为他低估了长尾用户群的规模，没有想到快手能在三四线城市那么快速地发展起来。

这样的例子不胜枚举。当马云登门拜访马化腾想请马化腾投资阿里巴巴时，马化腾不懂也不太看好阿里巴巴，所以毅然决然地拒绝了马云。虽然同处于互联网领域，但是因为视角不同而做出的判断也会不同。不要因为类似行业的大咖的质疑就怀疑自己的选择。自我判断的客观性和内心的坚定性会是你事业的支撑。大咖也会错过机会，年轻的创业者未必不会是下一个马云。

知名团购网站美团2017年5月的业绩非常亮眼，完成1800多万张订单，年度活跃买家2.4亿人次，活跃商家300万户，收入同比增长达到3位数，现金储备超过30亿美元。但是在早期并未得到360集团创始人兼CEO（首席执行官）周鸿祎的认可。据说，当年美团创始人王兴找他融资时，他只推门看了一眼，就拒绝了。

再说滴滴出行。程维曾在阿里巴巴集团任职8年，于区域运营和支付宝B2C（企业对消费者）业务上有丰富的管理经验。2012年，29岁的程维创办小桔科技，在北京中关村推出手机打车软件滴滴打车。2015年2月，滴滴打车与快的打车战略合并，同年9月，滴滴打车正式更名为“滴滴出行”。2016年8月，滴滴出行收购Uber（优步）中国。

李开复博士于2009年9月创办的创新工场旨在帮助中国青年成功

创业，不仅提供创业所需的资金，还针对早期创业所需要的技术、产品、市场、人力、法务等提供一揽子创业服务，旨在帮助早期阶段的创业公司顺利启动，为之后遍布中国大地的共享创业空间做出了表率。但是，刚开始这种模式并没有得到投资机构的认可。当时国内投资机构通常只是对项目投入资金，而基金管理者则是每年按照一定比例收取基金管理费。但创新工场显然想尝试不一样的方式。从创立之初，创新工场就提出了“投资＋全方位创业服务的模式”。这一模式意味着，创新工场既不同于一般的投资机构，只管给钱，也不同于一般的孵化器，只当“房东”。

商业最大的特点是不确定性，所面对的永远是一个不确定的未来，面对的永远是一个又一个的挑战。所以企业家时刻处在很紧张的状态，没有回头路，不能停歇，而机会与风险交错。即使是经验再丰富的企业家，也不能做到每一个决定都正确。创业者在寻求投资或支持时，得不到认可，或是像程维一样被前辈教育一番，都是很正常的事情。而且，很多在之后被证明有大价值的企业，在创业初期都是模式领先、思想超前的，响应者少，也是必然。成龙在《真心英雄》中唱道：“不经历风雨，怎么见彩虹，没有人能随随便便成功。”如今，富豪榜上的几位商业大咖——王健林、马化腾、李彦宏，别看他们事业如日中天、形象光鲜亮丽。其实在创业之初，也曾有过四处碰壁、不被认可的辛酸经历。但是，他们并未因不被认可就放弃。他们有个共同的特点：坚持和勇敢。

不疯魔不成活

谁能随时疯狂地把自己变成“疯子”，谁就能主宰自己的命运。

——作者

“改变世界的不是99%的正常人，而是1%的疯子。”就像苹果公司联合创办人史蒂夫·乔布斯，就像特斯拉 CEO 埃隆·马斯克，就像阿里巴巴创始人马云。他们的第一特征是，100%地相信自己，并100%地忠于自己的信仰。比如，乔布斯说，活着就是为了改变世界，这是多么狂妄。又如，埃隆·马斯克说，地球不配我死，我要死在火星上。他们具有超强的感染力，他是先相信后看到。他是先相信自己，并沉浸其中，然后再把这种信任传递给其他人。当我开始做丝滑水时，我就喊出要将丝滑水做成水品类第一！当时，客户包括员工都心怀疑虑。而今天，当丝滑水在千万个店里销售时，团队成员才感叹，自己犯了穷人思维之错：看到了才相信。在创业过程中，我一次又一次地颠覆大家的认知，我每提出一个新高度的业绩要求，大家的第一反应是不可能做到。可我强制要求坚持下去，并提出把不可能变成可能，你要想的是如何做到，而不是告诉我做不到。结果，我们每次都做到了！成功就需要这种“狂妄地相信自己”的勇气。

疯魔，不仅仅表现为相信自己，更表现为对事业的执着。一个人如果因为不想打工受委屈而去创业，他一定会失败。因为创业了，受的委屈更多。员工、客户、供应链等上的人都有可能让你受委屈。别指望他们能理解你，如果你有这个想法，就说明你很幼稚。当你们意见相左时，你需要一种疯魔精神，有敢于战胜一切的勇气和胆识。从成功的创业者身上都能找到类似的影子。

客服部的张鑫对待工作可谓是异常“疯魔”。奇迹营销的讲师哪里有业务就“飞”到哪里。张鑫的工作内容之一就是把各个讲师的出差时间协调好。那一年的五六月，全国各地都在下暴雨，航班频频被取消，讲师过不去，但是各地的业务又特别多，怎么办？如果换作别人，估计只能重新安排讲课时间。但张鑫的做法是“绝不妥协”，在她的观念中，“任何一件困难的事情都有解决方法。此路不通，那就换一条路走，甚至去开辟一条新路出来”。她为了保证讲师按时抵达目的地，重新设计了更合理、更高效的交通路线。在工作期间，她不仅翻烂了好几份中国地图，而且几乎把全国各地的机场位置、航空公司、航班信息都烂熟于心。由她规划出来的交通路线，甚至比电脑软件给出的结果实用。

创业公司创立之初，会遇到各式各样的难题，没有点儿疯魔精神真可能活不了多长时间。不仅是奇迹营销，任何一家其他成功的创业企业，创业经历都离不开“疯魔”的影子。比如滴滴，从寻找技术合伙人，到线下业务的开展，再到与对手在市场上的正面碰撞。程维创立的滴滴打车无数次陷入绝境，但他想尽一切办法去赢，最终走到了今天。在创业课堂上，回顾滴滴的创业之路时，程维说，他相信，当努力到无能为力的时候，上天自然会为你打开一扇窗。创业就是不停地逼自己，把自己逼成相信成功一定会到来的“疯子”。滴滴创立之初，北京有 180 多家出租汽车公司。滴滴定的目标是两个月内突破 1000 家公司。结果 40 天过去了，还没有一家出租汽车公司愿意跟滴滴签约。每天早上，滴滴线下的同事都信心满满地出发，晚上却灰心丧气地回来。当时程维想了很多办法，但仍旧没有奏效。到了 40 多天的时候，终于，北京昌平的一家出租汽车公司愿意跟滴滴合作。程维回忆说，当时这家出租汽车公司的老板也不知道滴滴能做什么，就是跟线下同事喝酒喝高兴了，觉得挺不容易的，趁着酒劲儿就答应了。成功签约 1 家之后，滴滴再推广业务就容易多了，接下来的 1 个星期内，滴滴又签了 4 家出租汽车公司。如果在开始的 40 天里，滴滴创始团队没有逼自己一下，面对困难轻易地放弃，就不会一单一单地把出租汽车公司签下来。

很多技术性的问题创业者自己会解决，最大的问题是，创业者在面对各种各样的挫败和挑战的时候，自己该以什么样的心态去迎接它们。是鼓足干劲主动迎接，还是轻言放弃，这就是优秀创业者和一般创业者的差别。

我认识的一位创业者曾经做过一件事，就是比对原来自己创业过程中，哪几年是主动去找挑战的，哪几年是贪图安逸的，哪几年是被包装得有点儿“飞上天”的。他把这几年做了一个划分，然后再对照了一下公司业绩，有了一个重大发现——凡是主动去挑战自我、超越自我的时候，公司业绩都好得不得了；凡是做一些虚的事情、遇到困难绕着走的时候，公司业绩都很平淡。换句话说，当你在创业的过程中开始享受的时候，那你离创业成功就有点儿远了。

创业者就是不断给自己鼓劲。我经常会问自己一个问题：一无所有，那又如何？我一定会不断地挖掘自己的底线，直到后来我发现没有什么事情是不能被接受的。

创业者们，不要说你创业难，快要坚持不下去了。你所经历的困难，其他成功的创业公司都曾经历过。逼一逼自己，总会跨过这道坎儿的。

创业家的其中一种精神就是要有狼性，遇到困难，逼自己朝着成功再努力一点儿。你的决策都要以创业为重要考虑因素，就是说，这个事情对你所创的事业是否有帮助。因为你要考虑的事情有时候太多了，所以要做一个创业家，必须要牺牲自己的个人时间，把事业排在第一位。

郭台铭在一次演说中提到，创业 42 年，到现在面临第三次创业——要收购日本的某家公司，这是一个非常有挑战性的任务。要把两万多个日本同事融合在一起是非常困难的，即使有难度，也要逼一下自己，努力来推动这件事。他告诫创业者，每一次创业都让我觉得，面临的是挑战、是困难。所以，你必须把你所有的精力放在你的核心竞争力上，放在你的核心事业上。每天，你就在脑子里想：我必须把这件事做成功。再好的项目也有失败者，再坏的项目也有成功者，关键是精神，尤其是刚开始创业的时候，一定要把自己的精神武装起来，逼一逼自己，总会离成功更近一点。

追求极致是互联网时代的生存法则

> 把每一个细节做到极致，把追求极致当成信仰。
>
> ——作者

在一次会议上，我问大家：“你们知道为什么同样是一件珠宝，有的卖几百元，而有的卖几万元吗?”大家纷纷发言，有的说是因为稀缺，有的说是品牌推广手段，我却认为，最重要的原因是卖几万元的珠宝把细节做到了极致。大家发现没有，奢侈品很善于做好细节，因为细节而有了仪式感，细节好就能值那么多钱，比如香奈儿。

在国内，谈到极致不得不提雷军，不得不提小米科技。“极致”连同“专注”“口碑”“快”是人称“雷布斯”的雷军奋战于互联网近10年的感悟精华。2010年成立的小米科技正是雷军这套思维武装的杰作。

2015年5月雷军在参加“创客中国·新青年行动”项目启动仪式时表示，创业者一定要将产品做到极致。雷军这样形容“极致”：把自己逼疯，把别人憋死。他用了两个例子阐述什么是将产品做到极致。暴雪工作室是第一个例子，《暗黑破坏神Ⅲ》震撼发布，与该系列的上一款游戏《暗黑Ⅱ》相隔12年。在这12年的时间里，暴雪工作室不断调整，多次将游戏回炉重造。雷军表示，这就是将产品做到极致的表现。另一个例子是价格战。雷军表示，免费就是价格战的极致。亚马逊连续 6 年亏损达 12 亿美元，通过免费赢得了市场份额，最终成了一家伟大的电商网站。

在 2016 年 3 月的中国家电发展高峰论坛上，小米科技联合创始人王川这样解释极致。什么是极致？小米认为，极致不是最好的，极致是超预期的。小米在四个方面，即创新、科技、设计、品质，做了大量的工作，希望实现极致。以小米遥控器为例，传统的电视遥控器都有 40 多个按键，甚至是 100 多个按键，非常多，容易使人按错。于是小米设计了一款 11 键的电视遥控器。这个遥控器不仅按键很少，而且可以盲操作，即不用看，靠手感就可以操作。当时王川给大家提了一个要求，小米遥控器一定要做到，从 3 岁孩子到 80 岁老太太都能操控智能电视机。而且王川请他 3 岁的女儿测试，如果女儿用不了就推倒重新来。后来，小米遥控器面世后，被各个厂家效仿。又如，小米自主研发了超薄的背光模组，做到 9. 9 毫米厚，有效地降低了成本，最终这种 48 寸 (160 厘米) 超薄全金属电视机推出市场时，价格仅仅为 2990 元，而同期传统厂家当时只能做到最低 7000 元。小米做到了价格上的极致。索尼和三星都买了小米的电视机进行拆解。三星在全球只拆解三个厂家的电视机，那就是索尼、LG 和小米。这种追求极致的精神，让小米快速成长。

小米给我们的启示是，要做到极致，必须先满足客户的基本需求；要满足外部客户需求，先从满足内部客户需求做起；要感动外部客户，先感动内部客户。每个人都努力付出，每个人都努力做到极致。如果没有做到极致，一定是付出不够。如果付出不够，是没有想真正做到极致，或没有想做到极致的决心和信心。将产品做到极致后，提高销量就不是问题了。

而在餐饮业，海底捞的极致服务为人称道，笼络了众多顾客的心，也帮它渡过了2017年初秋的“老鼠门”危机。在负面事件爆发后，在各类媒体的快速轰炸中，我们会发现，与以往不一样的是，在众多评论中出现了对海底捞回应的谅解与支持，而这些评论大多数都是有过海底捞消费经历的顾客的评论。很多评论中的言语充满了对海底捞的谅解，这种真情实感的表达恰恰能让大家更加正确地去面对海底捞，而不是简单粗暴地讨伐与谩骂。顾客对海底捞的谅解与支持，其实不正是海底捞为顾客提供超出预期的极致服务所赢得的吗？

海底捞餐饮有限责任公司董事长张勇回忆说，海底捞创立之初生意并不好，冷冷清清。几天过后，终于迎来了第一拨客人。让他没想到的是，结账时客人一致评价：味道不错。

客人一走，张勇便马上品尝了一下自己做的火锅，发觉底料中放入了过多的中药，味道有些发苦。火锅味道有待提高，却能得到客人的好评？张勇反复思忖后恍然大悟：原来是优质的服务，弥补了味道上的不足。认定了服务这一点后，张勇更加在服务上着力，帮客人带孩子、拎包、擦鞋……无论客人有什么需要，只要他能满足的，他都二话不说，一一满足。其独创的招牌接待动作——右手抚心，腰微弯，面带自然的笑容，左手自然前伸做“请”状，今天在海底捞仍随处可见。

在海底捞，顾客能真正找到“做上帝的感觉”，甚至会觉得“不好意思”。甚至有食客点评道，“现在都是平等社会了，这种服务好得让人很不习惯”。但他们不得不承认，海底捞的服务已经征服了绝大多数的火锅爱好者，顾客会乐此不疲地将在海底捞的就餐经历和心情发布在网上，越来越多的人被吸引到海底捞，一种类似于“病毒传播”的效应就此显现，从而出现了传说中的海底捞等位场景。即使是无聊的等待时间，海底捞也会把它变成一种令人愉悦的体验——手持号码等待就餐的顾客一边留意屏幕上显示的座位信息，一边享用免费的水果、饮料、零食；如果是一大帮朋友在等待，服务员还会主动送上扑克牌、跳棋等供大家打发时间。

现在，很多创业者去找融资，都会被风险投资公司问及一个问题：这个项目，如果被 BAT（百度、阿里巴巴、腾讯）抄袭，你怎么办？作为一家新创立的公司，你可能有一个好的点子，或者前期积累了一些用户，但 BAT 有巨大的资金和流量，你的那点先发优势其实非常微弱，那你作为一个初出茅庐的创业者，要如何构建你的壁垒呢？这个时候，你的最佳答案或许是：在某方面做到极致。在不缺点子、不缺资金的时代，如果你无法在某方面做到极致，那你就很难逃脱破产或被收购的命运，因为极致是互联网时代的生存法则。

所有的得到都以吃苦为起点

> 所有的得到都是以吃苦为起点的。无数个不眠之夜，才塑造了独一无二的自己。
>
> ——作者

煎熬是创业的典型状态，创业路上，最常见的不是成功和失败，而是长时间的苦苦挣扎。

正如歌词中所唱的，“没有人能随随便便成功”。每个创业者在热血沸腾地想象未来自己准备用几年时间取得成功甚至超越成功者时，应该先冷静下来扪心自问：我是否已做好了准备，把那些成功者所吃过的苦、受过的磨难、承担的压力也在几年时间里经历一遍甚至多遍。

人们总是看到成功者光鲜的一面，而忽略了其创业过程的艰辛。创业对一个人的素质要求是全方位的。创业之前，一定要认识自己的优缺点，准备充足。如果靠一腔热血一时冲动去创业，往往会碰到困难就退却。而人生的道路有千百条，创业只是其中的一条，每个人只有找到自己的定位，才能找到属于自己的成功之道。

不要轻易相信那些 1 年创立 2 年融资 3 年上市的故事，更不要相信有人在厕所用 6 分钟搞定永远也花不完的钱的故事。这些故事，有可能是吹嘘的，即便不是吹嘘的，故事的主人公也是千分之一、万分之一的幸运儿。即便跟你“吹牛”的那个人就是个幸运儿，也不等于你会是下一个幸运儿。

俞敏洪说：人这一辈子，一定要做几件事，回忆的时候，连自己都被感动得流泪。2016 年开始，奇迹营销遭遇了非连续性窘境，遇到了行业天花板。我就开始酝酿扩张，当时很多人不理解，觉得虽然遭遇非连续性窘境，但是整体收入还可以。但是危机感和越挫越勇的那股劲儿驱使着我，一定要扩张。新业务大家都没做过，仍在摸索。这个时候对人的心理冲击是巨大的。作为创业者、团队的带头人在大家都不看好的时候选择坚持，虽然辛苦，但是最终干成了，带领公司进入了一个更好的发展轨道，是不是很酷？

我最终将奇迹营销新增业务线，历经半年的磨合，成功扩张了女人宣言品牌公司，2016 年 10 月，奇迹营销第一个品牌——女人宣言诞生。到 2017 年 7 月，丝滑水几乎遍布每一个省，有几千个实体店加盟。回想创业这一路，虽然苦，但非常值得。

每个创业者在创业之前，都要问自己以下几个问题：

（1）是否能承受身心劳累之苦。创业者会以牺牲身体健康为代价。实际上，你自己的时间已经不存在了，越大的老板越没有时间安排自己的生活。创业过程中工作繁多，不熬夜几乎是不可能的事情。这也就需要创业者有着良好的身体素质，否则必然很难抵挡疲惫的侵袭。

奇迹营销的很多员工都是从苦难中走过来的。他们的血液中流淌着“可以流汗、流血，绝不能流泪”的精神。

（2）是否能承受远离亲人之苦。刚创业的时候经常需要很晚回家，回到家里时家人都休息了。和家人缺少沟通，根本没有时间与家人在一起。时间长了，与家人之间特别是与孩子之间的亲情就疏远了。几个好朋友一起做生意的，开始时相处融洽，做到一定程度后，每个人的想法就不一样了，矛盾也就产生了。

（3）是否能承受孤独之苦。谁能体谅创业者的艰辛，谁能体味创业者的苦痛，恐怕连其最亲密的人也无法真正体会到创业者的艰辛。创业者一路走来的故事和心事，是很难有人与其真正达成共鸣的，这就造成了创业者的孤独。

在公司里，所有人都可以找到上级主管说“我尽力了”“能力有限”“请求支援”；只有创业者不能这么说，所有的事情你都无可逃避，你都得强撑住。

作为创业者，每件事情都需要你做决策，每个决策都可能影响公司的生死存亡。可是很多时候，你不能和下属商量，不能和股东商量，你必须自己做决策。

作为创业者，你必须给下属以信心，越是艰难时刻，下属越寄希望于你。很多时候，你越要坚强。你不可以显示自己的软弱和无助，你甚至必须随时表现出信心满满的样子来为下属鼓劲儿。

如果你准备好了受这些苦，那就开始创业吧。雷军说过，今天的创业者，应该感到非常庆幸，因为现在是一个非常伟大的时代。大众创业、万众创新，国家倡导这种精神。但我觉得创业不像听起来的那么容易和舒服。实际上创业是件非常艰难的事情。我觉得创业就意味着要冒很大的风险，就意味着90%以上的创业公司会关门。所以我觉得作为一个创业者来说，最重要的是要想清楚自己为什么要创业，自己有没有这样的心理准备，想清楚怎么去应付创业路上的挫折、失败、困难。我觉得把这些想清楚以后，创业就不那么苦了。

第三章　竞争中的狼永远是狼

敢想敢干敢成功

> 王侯将相，宁有种乎？只要你敢想，敢为，敢执着，你不成功，谁能成功？
>
> ——作者

从现阶段的中国来看，创业是实现自己价值的一个重要途径。马云多次在青年创业论坛上发表演讲，强调创业者必须拥有足够的敢想敢为的创业胆量。马云在《赢在中国》栏目中点评时强调胆量在创业中的作用，他说："创业，最需要的就是胆量与勇气。因为这个世界就是这样，你要有梦想，你还要有胆量，有毫不妥协的信念和实现梦想的决心和行动才会赢，只有偏执狂才能生存。"马云还告诉想创业的人，妨碍青年成功的因素为：无目标、无胆量、无毅力、无责任感。成功需要胆量和气魄，就像他当初创建阿里巴巴时一样，能创造阿里巴巴这个大集团就是因为目标加胆量加毅力。

然而，我们身边的很多有点儿眼光的人没有充足的胆量，始终没有迈出创业的第一步，或者虽然开始思考创业了，但是因为没有自信，致使创业计划一改再改，一拖再拖，最终化为泡影。因此，创业不仅需要商业眼光，更需要敢想敢为的创业胆量。

胆量和雄心总是成正比的。敢想不容易，敢干更难。马云本来有一份稳定的教师工作，但当他第一次接触互联网这个概念后，创业的雄心就开始蠢蠢欲动，最终他放弃了教师职业，开始创业。几起几落，最终拥有了现在的广阔天地。

马云提醒那些即将创业或者正在创业的人，“在创业者追求成功的道路上，第一个要素就是要有敢想敢为的胆量”。任何组织和个人的发展都常出现一个规律：在初期往往有较强的学习能力和创造能力；但是一旦工作上手了，并且积累了一定工作经验后，就很容易有抗拒心理，反对任何改变，即使自己有试图改革与创新的想法，但怕麻烦，怕失去原有优势而不想改变。不仅使公司丧失了大发展的机会，也使个人失去了大展才华的宝贵机遇。

农民企业家鲁冠球以90.5亿元的资产占据2006年福布斯中国富豪榜第十位。作为中国最受尊敬的第一代企业领袖之一，鲁冠球见证了万向集团从一个小工厂发展成为国内最大民营企业之一的全过程，只有初中文化水平的鲁冠球向世界伟大的企业领袖讲述了一个农民的传奇故事。

鲁冠球，这位带着浓重乡音的浙江老汉，15岁辍学，做过打铁匠，按普通人的思维，鲁冠球的一生或许就在农村或是县城默默无闻地度过了。但是鲁冠球不甘于此，他敢想敢干，首次创业就创办了一家米面加工厂。但是，后来这家工厂被人指斥为地下黑工厂而遭关闭，机器被迫廉价拍卖，他只好出售刚过世的祖父遗留的三间旧房，才得以还清向亲友借贷的3000元欠款。这一次创业几乎使他倾家荡产。后来，鲁冠球机缘巧合地接管了一个农机修配厂，开始第二次创业。他依靠作坊式生产，生产犁刀、万向节等五花八门的产品，把一间农机小作坊打造成中国乡镇企业的佼佼者。这种多元化经营，使他完成了最初的原始积累。

如果仅仅到此，鲁冠球也不过是一个平平常常的乡镇企业老板。但1979年，鲁冠球瞅准时机，集中力量专业化生产汽车万向节。1980年，鲁冠球在经济十分拮据的情况下，将价值43万元的不符合标准的万向节，送往废品收购站。在全国万向节厂整顿检查中，他的工厂以99.4的高分居全国同行业之首，被列入全国仅有的3家万向节定点生产专业厂之一。随着企业的发展，他的“钱潮牌”万向节产品打开了日本、意大利、法国、澳大利亚等18个国家和地区的市场，一个庞大的商业帝国呼之欲出。

应该说，鲁冠球是中国成功创业者中的一个，究其原因离不开敢想、敢为人先，能够把握时代的脉搏；敢干，把创富梦想一步一步执行下去，即使失败了也不怕。

“85后”创业者欧阳书伦，2008年毕业于武汉轻工大学工商管理专业，2010年辞职创办公司。这家公司是研发船舶消毒设备的。欧阳书伦进入的环保行业和他所学的专业并无关系。跨专业创业，是在武汉一家环保公司工作的表弟提出来的。国际造船标准有了新的改变，对船舶污水处理装置有了新的要求，欧阳书伦认为这是个非常好的商机，多方求证并落实部分资源后便开始创业。产品成型后，他们又用了4个多月时间，不断按产品认证机构的要求修改完善产品，通过了认证，便冒着酷暑严寒拜访客户。由于抓住了标准更新的“窗口期”，市场内少有竞争者，公司成立次年，销售额就突破了百万元。欧阳书伦总结说，创业者的特质之一就是要敢想敢干，哪怕是快速地进入一个自己不熟悉的行业，只要产品有市场潜力，有了机会就绝不能犹豫，在创业过程中遇到难题时，也要有坚持和行动起来的魄力，直到最后达成自己的目标。

曾经有调查显示，85.47%的年轻人都有创业意向，但真正采取行动的只有7%。诚然，创业意味着更多的困难，比如创业环境恶劣、投资政策不确定、创业时机未到、好项目有限、启动资金筹集难等。但我认为，创业环境、投资政策等因素绝对不是有创业冲动的人不去实现梦想的关键因素，更不是最重要的理由。最重要的理由只有一个——不愿冒险。创业环境再好，创业也有一定的风险，有多少人能够战胜自己对稳定的渴求而去冒险呢？可是，不冒险，便没有创业的成功，也就享受不到创业成功的快感。

在我看来，奇迹公司的刘娜就是一个因为敢想敢干的人。在开拓客户方面，她一向善于抓准时机雷厉风行地采取行动。某天凌晨，刘娜正在刷朋友圈，正好看到一位意向客户发了一条信息，确定了客户当时还没睡觉后，她第一时间与客户进行电话联系。在与客户沟通了20分钟后，客户表示想要再考虑一下。如果当时刘娜挂断电话，那么第二天大家都上班后，这个客户就很可能会与其他销售员签单。所以刘娜坚持继续沟通，终于拿下了这个客户。客户调侃道：“如果今晚我不给你打款，你肯定会从广州直接跑到我家里来。”刘娜事后说，那天如果客户没打款，她真的会从广州开车到湖南。靠着这股敢想敢做的劲头，刘娜取得了令他人羡慕的成就。

人这一生，会面临许多机会与挑战。冒险，是其中的一个选择，确实需要胆量，需要敢想敢干的劲头。但同时，你要知道，你或许已给自己选择了一条成功之路。每一个创业者一定要记住：要想创业成功，就必须拿出敢想敢为的创业胆量去冒险，只有这样，创业的成功概率才会提高！

让所有的借口都见鬼去吧

> 阻碍一个人走向成功之路的，其实只有两个字——借口。
>
> ——作者

居里夫人曾经说过：失败者总是找借口，成功者永远找方法。这里所说的借口，无疑是抱怨的另一种表达方式。在失败面前，人们总能找出种种借口，编织各种各样的理由来掩饰自己的懦弱、错误和无能。我经常从创业者口中听到这样的抱怨和借口：

"这个领域我不熟悉，犯点儿错误很正常。"

"没有招到合适的人，如果当时能招到×××，肯定没问题。"

"企业刚刚起步资金不够，如果有大笔资金，肯定能把市场砸出来。"

"我的创业搭档太差了，根本没起什么作用。"

"投资人参与企业管理，把我们给带歪了。"

"客户太难伺候了，我很无奈！"

"全世界都在闹金融危机，怎么能怪我呢？"

……

这些都是失败者的声音。表面看来，他们说的似乎很有道理，借口背后却隐藏着他们对困难的妥协。更有创业者，刚开始做，就为失败准备了若干借口，以便到时候应付投资人、安慰自己。应该承认，这是一种不错的"养心术"，但是由此造成的消极影响和严重后果，却是所有人都不愿意接受的。

进入奇迹营销的伙伴们都知道，奇迹营销有四大理论：

1. 摘桃子理论

我们都知道，每当春天来到的时候，处处开满了美艳无比的桃花，但是，到秋天的时候最终能结多少桃子才是我们真正关心的，开再多美艳的花，不能结一个果实，那也是枉然。就像有些员工，总是说自己的工作量很大，每天很忙、很辛苦。但是，领导更想知道的是，你做的事中，有多少结果。这才是最重要的，永远都要牢记：结果比什么都重要，任务不代表结果。

2. 狮子与羊理论

很多书上都说，一只羊领导的一群狮子打不过一只狮子领导的一群羊。实际上企业需要的是一只伟大的狮子领导着一群狮子共同完成使命。即要求我们团队中的每一分子既能协同作战，又能单打独斗。只有这样，团队才能战无不胜、攻无不克，成为一支真正意义上的王牌队伍。

3. 冰激凌理论

我们都有吃冰激凌的经历，当冰激凌在我们手中的时候，我们必须及时吃掉，不能停留，不能等自己喜欢的时候再吃，那个时候手中的冰激凌已经化了。工作也是如此，必须快速反应、马上行动。永远都要牢记，快速反应、马上行动是每个企业在市场竞争中制胜的法宝。

4. 日落理论

每天都有日出也有日落，我希望员工都能明白“当天的事，必须在当天完成”的道理，没有任何理由推迟到明天，不要等到太阳再次升起的时候才被动地去完成。因为，客户是不会等我们的，市场也不会等我们，他们可以轻而易举地把我们“辞退”——他们只要不购买我们的产品，就这么简单，我们就会失去工作。

我骂过很多员工，为什么？因为我觉得他们有发展的空间，是个将才。我常常跟员工说，如果有一天我不骂你了，那说明要么你已经成长到不需要我骂了，要么我已经完全放弃你了。

你能在中国众多成功的企业中找到类似的案例。比如美团网。美团网是从5000余家团购网站里杀出一条血路的公司，已经成为很受关注的创业公司之一了。2014年8月，美团网月交易额突破45亿元。如果王兴要抱怨，估计能找出比很多创业者多好几倍的借口。多年以前，当有人第一次问王兴创业的优势是什么时，他愣了许久挤出两个字“勇敢”，即不要找借口，要一股劲儿往前冲。美团刚刚起步时，拉手、糯米等对手们已经纷纷拿到了融资，这意味着，竞争者可以用更快的速度进行市场推广。那是美团的第一次低谷期。当时美团 10 个销售员中就有 4 个去了糯米，离开的销售员还带走了美团与万达谈好的单子。那段日子，是王兴感到非常压抑的日子，他也有太多太多的借口去选择放弃。王兴提到每个周六都会给团队做分析，已经多次创业的他看上去很淡定：“创业就像坐过山车，今天低谷，可能明天就上升了。”给团队注入强心剂的同时，王兴的焦虑感却始终存在，他在咖啡厅约见每一个要离职的员工，并花费大量时间劝说他们留下。

那时候的王兴其实也有其他选择。当时不少竞争对手采取代理商模式换取高速发展，用市场份额换取 VC（风险投资），但是王兴坚持只做直营模式，因为直营模式有助于控制产品品质。在现金与产品品质之间，他选择了后者。直到 2010 年 9 月，王兴拿到红杉的第一笔投资，美团终于度过了创立后的第一个生死劫。

创业本就不是平坦的大路，而大部分创业公司是撑不过两年的，面对困境，可以偶尔抱怨几句，放松一下，但也应及时安下心来，积极想办法，分析原因，寻找突围的路径。

比尔·盖茨说，一个善于为失败准备借口的人，不论怎么掩饰，都是一个不折不扣的懦夫！翻开历史，看看身边，哪个成功人士没有经历过失败？重要的是面对失败时，你还有没有从头再来的勇气。与其怨天尤人、呼天抢地，不如鼓起勇气，向命运回击。否则，成功将与你无缘，失败也就失去了价值。

有句话经常被提起，那就是命运有时是公平的，在关闭一扇命运之门时，必定会为你留一扇希望之窗。那么，与其死守着那扇紧闭的大门怨天尤人，不如转过身来，尽快找到属于自己的那扇窗。潜力和成功是被逼出来的。所以，遭遇困难和挫折时，你不应该一味地怨天尤人，因为等待你的，可能是一片更宽广的天地。其中的关键，就在于你肯不肯逼自己一把。你只能成为你想成为的人。要想赚大钱，创大业，做大事，必须敢想敢为，百折不回。遇到困难就退缩、找借口，难道天上真的会掉馅饼吗？

有的创业者抱怨市场竞争太激烈，但如果产品有足够的市场竞争力，即便市场上存在强力竞争对手，自己依然可以生存下去。在 Google（谷歌）出现之前，Yahoo（雅虎）、GeoCities（雅虎地球村）都很火；在 Facebook（脸书）、微博出现之前，沉迷于 QQ 空间和 MySpace（聚友）中的人们根本就不知道社交网络这个词；三四年前，人们还觉得用邮箱存文件非常方便，后来 Dropbox（多宝箱）、Skydrive（云存储服务）让人们爱不释手。互联网发展给了我们太多这样的例子。有竞争？真的没有关系。有关系的是，你能否从借口中抽出身来，真正研究一下自己的产品，看看自己的产品是否真的比对手的好。

世界上永远没有绝对的公平或不公平。如果不能摘下个人感情的有色眼镜，保持端正的心态，用潇洒豁达的人生态度去生活，那么你将永远找不到公平，永远活在抱怨的天空下。谁都无法否认，很多时候，让人们耿耿于怀、愤愤不平的所谓不公平，不过是人们进行争斗的借口，或者说是“抱怨症”患者的偶尔发作而已。

所有的借口，归根结底都来源于对失败的恐惧。我非常认同丘吉尔的这句话：如果你想尝试一下勇者的滋味，就一定要像个真正的勇者一样，豁出全部的力量去行动，这时你心中的恐惧将会被勇猛果敢取代。行动起来吧！你会发现，创业并没有你预想的那么艰难，而曾经阻挠你的那些“正当理由”也多半是杞人忧天。

删除幻想，撸起袖子加油干

> 创业这么多年，很多人常问我，你创业最大的收获是什么？刚开始我以为是获得金钱，这两年因为经济不太好，我看见无数个聪明人的失败故事，才慢慢地感受到，我最大的收获其实是学会了不幻想，踏踏实实地做好每件事。
>
> ——作者

国家提出了“大众创业、万众创新”的口号，激发了越来越多人的创业热情。但创业不是仅仅有热情就是足够的。真正创过业的人都知道，创业考验的是一个人的知识、资源、毅力、经验、资金，还有团队精神。创业是异常艰辛的，风险太大，而成功率太低。这也说明，绝大部分的人是不适合创业的。

现实中，很多创业者会有很多幻想，很多人将创业和融资、创始人和明星的概念混淆了，总觉得自己很快就能从一个普普通通的人转身为光鲜亮丽、出席各种创业论坛的明星大 V 了，甚至能成为马云、马化腾一样改变人们生活方式的企业家。很多人觉得有个好的创意就能拿到几千万元的融资了。几个年轻人梦想着开一家甜品店，花巨资装修，加上所谓的互联网思维，就能拿到投资了，A 轮，B 轮……说得头头是道，梦想着 1 年内连锁店开遍全国，3 年后登上创业板或是去美国上市敲钟。其结果和很多盲目创业的人一样，花光投资人的钱，花光个人甚至家里的所有积蓄，一败涂地，甚至还要背上一屁股的债。

有人说，创业很容易啊。不少媒体都极具夸张色彩地渲染马云是如何在 5 分钟之内打动孙正义获得几千万美元投资的。但实际情况远非媒体报道的那么传奇、那么轻而易举，马云成功的背后是创业和融资时数不清的艰难。很多成功企业家只是对我们略去了创业过程中的艰辛罢了。马云在《阿里传》中说过：软银公司的孙正义有可能会投资。他也许会在我们启动之前就投，但他考虑的时间太长，所以我们就决定不等他，先做。现在，我告诉他，价格已经上来了。真相正如马云所说的那样，当成绩没有做出来，不能向投资人证明企业的价值时，是很难拿到投资的。马云辛辛苦苦先做事，把事做好了，数据好了，创造的价值大了，自然就会吸引来投资了。有不少创业者总想找到属于自己的“5 分钟”，其实这是异想天开。创业者要做的，应该是踏踏实实做产品，踏踏实实做服务，踏踏实实做品质。这些都做好了，那么你才会拥有媒体笔下的“5 分钟”。

记得有一次我公司的周凤对我说：“很多公司的人都说奇迹公司的成功靠的是运气，如果他有这样的条件，也可以……比如，我现在创业缺少资金，如果有资金，我绝对可以在一两年内做到行业第一。但事实是，只有脚踏实地地撸起袖子加油干，才有可能把幻想变成现实。”所有的成功都不是靠幻想得来的，是靠一分一秒的努力换来的；创业的成功，也不是靠幻想“规划”出来的，而是实实在在干出来的。

创办了包括拉卡拉、蓝色光标、考拉基金等多家知名企业的孙陶然说过，创业是实干家的事，梦想家请绕行。英国作家威廉·赫兹里特也说过，“伟大的思想只有付诸行动才能成为壮举”。创业之路，只有付诸行动，梦想才能实现。

创业本身是富有激情的过程，创业的美好在于洋溢的激情，挥洒的汗水，昂扬的斗志。但缺乏踏踏实实的精神，激情过后可能是一片狼藉。

首先，因为考虑不充分，创业者自身特质（优点、缺点、需要和希望）与企业需要的因素之间，很难找到最佳平衡点。越是满怀激情，越有可能迈向两个极端：一是创业者只关注他们喜欢做的，忽视了生意上其他重要的部分；二是创业者尝试做所有的事情，扮演他们力所不能及的角色，结果无力胜任，导致创业险象环生。

其次，创业者狂热地相信自己的产品，把自己的喜好映射到客户的喜好上。

再次，好的创业点子不能只是口头说说，而是要有明确的计划和战略方向。如果缺乏执行力，很可能半途而废。

最后，在创业的理念得到市场证实，并获得持续收入之前，创业者必须处理资金不断减少的问题。若没有找到充足的收入来源，就会不断消耗金钱、时间、资源和个人意志，最后幻想也会破灭。

不陶醉在过去的小功劳簿上

> 没有最高，只有更高；没有最好，只有更好。纪录是用来打破的，昨天已成历史，敬畏过去，创造未来。
>
> ——作者

2015 年 3 月，凡客 CEO 陈年进行了这样的反思：2011 年，凡客最热闹时，公司里有 1.3 万多人，光总裁级的领导就有三四十位，然而凡客逐步陷入危机。后来，凡客只剩不到 300 个人，做衬衫的核心团队只有 7 个人，但业务运转得很顺畅。我不免想，以前那么多人平时都在干什么？凡客的崛起与衰落，令无数人扼腕，但如同陈年的反思一样，2011 年凡客跃进、陈年狂热、行业里一片叫好，谁会预料到凡客如坐过山车一般跌宕起伏？也没有人想到，就算有雷军的“加持”，也未能让凡客免于大厦将倾。

“爱网络，爱自由，爱晚起，爱夜间大排档，爱赛车，也爱 29 元的 TShirt（T 恤衫），我不是什么旗手，不是谁的代言，我是韩寒，我只代表我自己。我和你一样，我是凡客。”2010 年 7 月，这句红极一时的广告词让凡客成为炙手可热的公众焦点，“凡客体”亦爆红于网络。2010 年，也是凡客最得意之时，1 年卖出了 3000 多万件服装，总销售额突破了 20 亿元，同比增长了 300%，不仅是垂直电商的老大，更以全行业排名第四的业绩，让所有人刮目相看。当时，我的很多朋友也在凡客购买了廉价的鞋子和衬衫。在2010年的业绩刺激下，2011年1月，陈年将凡客的年销售额目标“保守”地定为60亿元。而到了2011年3月，陈年又将这个数字“修正”成了100亿元。2011年3月，陈年在接受记者采访时，说出了一句当时让整个行业震惊的话：“我希望将来能把LV（路易·威登）收购了。”是的，当时凡客的成绩如此炫目。但纪录是用来打破的，历史已成往事。凡客的成功纵然有自身对市场的把握，但凡客的迅速发展也绝非仅仅是因为自己的眼光和策略。当时的京东、淘宝、亚马逊等一大批老牌B2C电商都实现了爆发性的增长。事实上，凡客的成功更多是因为幸运地站在了中国服装电商的风口，两三年内业绩连年翻番。与此同时，凡客多次拿到巨额融资，估值快速飙升。

2011年，凡客与陈年的狂热达到了顶峰。然而，这年年末的高库存却预示着凡客的拐点以及直至今日的一蹶不振。2011年年末，凡客的库存达到14.45亿元，总亏损近6亿元，100亿元的销售目标也只完成了1/3。此后1年多的时间里，凡客始终在重复做着清库存的工作。除了清库存，还有清人员。2011年，生产线、资金链、库存积压这三座大山一齐向凡客压来，凡客开始走向衰落。即使2014年陈年以“凡客再不好好做事情，是要遭雷劈的”宣告回归，希望以白衬衫为原点挽回用户的心，却再也没有步入主流，没有回到公共话语空间。

从生物学原理来讲，达尔文的进化论得出一个启示：能够生存下来的，既不是最强的，也不是最大的，而是最适应环境的。奇迹营销有一个企业文化：拥抱变化。我敏锐地发现市场的变化，并快速做出反应。当美容行业进入存量市场，我毅然做了两件事：一是将会销板块转到新零售领域；二是开创自己的女人宣言——线上线下新零售品牌。

为什么要将会销的战场从专业线转到新零售领域？专业线已经是存量市场了，而新零售领域是增量市场，这里的空间很大。

我用构建生态链的思维开始重新塑造奇迹营销，并通过两场大会奠定了在新零售行业的知名度和地位：2018 年 4 月 8 日的 500 人势能大会和 2018 年 7 月 11 日的 1000 人势能大会，高效率、快节奏地完成了目标——在新零售领域，名副其实的会销第一品牌。

为什么转型做线上线下新零售？要知道奇迹营销转型做线上线下新零售，是具有很大的风险和包袱的。首先，奇迹成立了 5 年，员工有 100 多人，在行业内有一定知名度，已经做到了会销第一品牌，贸然转型具有很大的风险，并且奇迹营销的沉没成本和机会成本很大。

当时，线上线下新零售是一个新兴事物，很多人对其知之甚少。为了解决相关问题，我做了充分的调研，得出了以下几点结论：

社会生产关系发生了改变。“90 后”有足够的安全感，想打造个人 IP（知识产权），想自我创业，想过得更舒服点儿。“90 后”马上就是社会的主体，“90 后”与“80 后”“70 后”有什么不同？最大的不同就是“90 后”一生下来物质生活就很丰富，对失去没有恐惧感，对钱的欲望比较少。他们又是非常自我的一代，追求个人成就的一代，不愿意被束缚，不愿意被管制。

我通过研究商业社会的变化发现，一个技术的出现，都会引发生产关系的重新构建和再分配。一个新行业，能否有前景，是否有生命力，主要取决于是不是产生了新的生产关系和社会分工，是不是提高了行业的效率，是不是释放了个体，是不是利用了社会的闲散资源。我将这几个要素和新零售的模式一一进行了对比。

我研究过很多公司，比如研究了滴滴为什么快速成为互联网企业的独角兽公司；研究了小众品牌为什么会兴起。

我梳理了互联网发展和演变的三个时代：

一是门户时代，是以新浪和搜狐为代表的门户网站时期。这个时代的核心对象是大企业，让大企业在线化，跨边界实现营销推广。

二是搜索时代，以百度和阿里巴巴为代表，解决了中小企业的经营问题。

三是移动社会时代，这个时代开始关注个体，形成了微信、云集、美团、滴滴和 Airbnb（爱彼迎）等应用。整个消费结构发生了改变，以往的消费主体是“60 后”“70 后”，现在的消费主体变成了“80 后”和“90 后”。“80 后”和“90 后”有个非常大的特点——喜欢宅，并且没时间进美容院。

经过研究，我认定新零售是可以做一辈子的事业。虽然转型经历了阵痛，但是奇迹营销的确开始了新一轮的大发展。

在现在严峻的经济市场、资本寒冬的大环境下，创业公司要想生存越来越难了。创业公司一直都是在摸着石头过河，不断试错，不断调整方向。正如凡客，即使销售额突破 20 亿元，一旦战略失误，随时有可能倒下。事实上，从来没有过如凡客一样复杂的公司，它有着很长的产业链，涉及传统的服装行业，既有产品设计、品牌营销、时尚品位，又有电子商务行业的配送和仓储等诸多产业链。各个环节环环相扣，不仅有巨大的人力投入和复杂的资源调配，更有对潮流、时尚的感觉，以及对品牌管理的设计和规划。传统行业和电商领域的双重挑战，既是对陈年所有经验的考验，也是对他管理能力的巨大考验。可惜的是，市场机会总是稍纵即逝。市场不会给创业者源源不断的试错机会。创业公司在很长一段时间内，都可能濒临破产，导火索或许是一条负面新闻，或许是某一个经销商倒戈，或许是某一天回款出现问题，或许是国家政策因素，等等。对创业公司来说，没有最好，只有更好。只有敬畏过去，才有可能创造未来。

总结十几年来的“手机编年史”，你会发现它们的身影：波导、夏新、南方高科、熊猫、天时达……这些耳熟能详的国产手机品牌在曾经的一段时间内占据了国内手机市场非常重要的地位，其中又以夏新和波导名声最响、风头最劲。而如今，这两个手机品牌已从市场消失了。

站在现在的角度分析当年的手机市场：当时的智能机还没有成形，也就是说，是功能机市场，国产手机的优势就是外观比较多样和价格相对较低；但是从通话质量、系统使用感受、品牌来说，与外国品牌手机相比都有一定差距，也没有好的渠道，后来在诺基亚等低价手机和软件丰富的塞班系统的打击下就破产了。因为国产手机缺乏可持续发展的核心竞争力，在追赶通信世界先进技术方面储备不足，过于注重短期市场扩张而忽略了产品创新，低效的营销手段导致成本压力过大，自身产品质量方面存在欠缺。一旦国际巨头发力，销量开始下滑甚至在市场销声匿迹都是必然的。

市场机会永远都在，但机会是留给善于捕捉机会的人的，而不是留给躺在过去的功劳簿上数钱的人的。对企业特别是创业企业来说，历史终归是历史，时刻响应市场脉搏而变革、转型才不会被市场淘汰。

创业者一定要善用互联网工具捕捉市场信号。过去人们认为顾客是群体概念，现在有了互联网工具，我们可以把握每一个消费者的行为数据，挖掘到每个人的个性需求；过去我们讲的服务局限于人与人、面对面的方式，而在互联网上，企业对消费者是全方位开放的，消费者即使不和企业的员工接触，通过参与企业的购物、支付等流程，便能更深切地体验到企业的服务内容和品质。

另外，提醒创业者，一定要有超前的规划，你能看多远，你的事业就会有多大。我们不是为了创新而创新，而是要把既有的资源不断地优化配置，来实现更高的目标。任何决策，都不仅是为了眼前的利益，更多的是要着眼于未来的布局。

很多企业在看似成功之后迅速陷入沉寂，是因为它们没看到趋势，或是无法承受短期的诱惑和压力，从而左右摇摆、瞻前顾后。放弃过去的成功很难，但有时不放弃就无法获得明天的成功。

不要和竞争对手站在同一维度

> 单维与单维的竞争，永远在同一层次上，欲跳出恶性竞争格局，最直接的方法就是不要和竞争对手站在同一维度上。
>
> ——作者

科技和人们偏好的变化将创造出新的机遇，一旦有人在这里崛起，那将会对上个时代的统治者形成冲击。假如说有人在移动互联网上成为电子商务的新一极，那必会引起阿里巴巴的衰落。在这样的前提下，中式互联网普遍进入肉搏的状态，个别事件引发矛盾激化是不可避免的现象。即使是互联网巨头，也必须时时保持警惕，一旦发现苗头不对，就资本、人力齐上阵，用尽一切办法巩固自己的地位。

总体来看，互联网行业巨头林立，生存环境比较严苛。创业公司先天资源有限，所以试错成本不能太高。那对于创业者来说，就没有机会了吗？

美国 Google 在搜索领域已经确立领先地位，所以你很难创建一个搜索公司与之对抗。但是你可以关注 Google 没有关注的领域。一定不要迎头冲上去竞争，如果一开始创业，你就要打倒大公司，也许最终你能够打倒大公司，但概率极低。作为一个创业者，你的目标应该是建立一个成功的公司，而不是打倒其他公司。你所面对的世界时时刻刻在发展，各种各样的需求在被创造出来。不管是互联网行业还是其他实体行业，有各种各样的事情没有被探索、挖掘出来。在动态的世界里，有很多新事情需要创业者去做，不管是饿了么、滴滴打车还是从 2016 年开始风靡于一线城市的共享单车，都是在巨头的夹缝中生长起来的，并逐渐发展壮大，拥有了属于自己的天地。

大公司越来越庞大，有很多盲点，而且盲点越来越多。从这个角度来讲，不应该鼓励小公司整天以破坏大公司或者现有市场为自己的商业模式。

周鸿祎说过：能避免竞争最好。如果你做一件事，巨头看明白了，一定会跟你竞争。你即使不想竞争，也要学会竞争战术，这样面对对手的堵截时至少可以安全渡过。最幸运的是，我们做自己的事时，巨头没看明白，没有追随。如果当时巨头意识到安全是一个大市场，马上反应过来，就算有 20 个周鸿祎也一定会死。

不要和大公司在同一个维度上去竞争，而是要悄悄地做大做强，当巨头反应过来时，已经无法吞掉你了。作为初创者，往往需要在夹缝中生存，避免同各路巨头直接对抗。这并不是一种很好的状态，但这是必经的一个状态。这种状态对创业者提出了严苛的要求，每当你想做一件事情的时候，首先要想的是巨头也来做了，我该怎么办，回答不出来，就相当于“裸奔”。

我发现，有的创业者在选择创业切入点的时候是凭借自己的喜好或是完全凭借自己之前的经验积累，他们发现了一个痛点，然后碰巧有几个技术朋友可以开发出一个产品解决这个痛点，于是就开始组建工作室或是公司了。这样做比较冒险，因为没有考虑残酷的市场竞争，没有考虑竞争对手与自己的维度。结果开发出软件后，发现在巨头的某个应用里，已经存在这个功能；或是开发成功后，却没有与之相对应的财力、人力去推广；或是参加各种路演时，自己的好创意被投资人、其他更有实力的创业者采纳，他们反而更快地开发出了更好的产品。

最后，提醒创业者，创业者不仅要找到和巨头竞争的不同维度，还要快。有原创之后有很多人会借鉴，但是不可能完全拷贝。很多大公司不仅要挣钱，还要考虑社会声誉。如果大公司完全抄袭小公司，会遭人耻笑。一开始你可以模仿别人，可以跟随别人，但是创业者做一切决策或行动时一定要快，否则当其他创业者，特别是巨头反应过来后，你就没有机会了。

比如，最早做打车软件的，不是目前称霸一方的滴滴，而是不知名的小公司。但是，当滴滴和快的在市场上向专车补贴 10 亿元之后，这个市场的格局就定了。所以对于创业者来说，你可以幻想最好没有竞争，但是如果你不能在 1 年之内迅速做大，一定会被各种模仿者盯上。

第二部分 认知力

第四章　认知障碍是创业者的唯一障碍

创业最大的难度就是太自由

> 战略的本质即放弃大而全，聚焦核心势能，引爆市场。
>
> ——作者

傅盛在一次演讲中提到他刚从奇虎360出来时，给自己鼓劲：天高任鸟飞，海阔凭鱼跃。每天看着一个新奇的世界，充满好奇心，过了一段时间，却又变得迷茫。天太高，海太阔，每天面临无数选择。天天在产生想法和质疑想法中纠结——自己的想法是不是有问题，是不是有可能做不到。后来终于总结出来，创业最大的难度就是太自由了，自由到你很容易失去方向。而在做360安全软件时，因为是一个封闭性任务，明确了要做一款免费的安全软件，实际上难度降低了很多。

我完全同意傅盛的说法。我也一直认为，当你学会了把握当下的互联网时代，放弃杂念，聚焦在一个点上，把所有的精力投放在未来 10 年都不会改变的事情上，就很可能带来惊人的回报。

我们做女人宣言品牌时，最初投入市场的只有一款产品——丝滑水。就用这一款产品打造“水”这一品类的冠军，用这一款产品来撬动整个市场。因为美容行业品牌众多，品类也众多，广大消费者面对琳琅满目的品牌时，存在着或多或少的疑虑；终端销售人员也处于迷茫的状态，不知道给消费者做怎样的建议。而丝滑水的定位非常清晰，就是用一款水来改变皮肤状况！当打开市场之后，我们才完善整个品类。但每一个品类又有清晰的定位。

许多创业者总是信心满满地认为，我要改变世界，我要成为最厉害的人，我要做最好的自己。以内容创业为例，今天投资人说短视频是个风口，明天又有数据显示直播异常火爆，然而自己非常看好付费音频。没有方向时，你觉得都是方向。来回探索，大量时间被消耗。但给你一个固定性问题，即封闭式问题，难度反而会大幅度下降。面对很多新点子，选择的重要性，其实远远大于过后做出的很多努力。在创业过程中，可能最难的就是从各种可能性中找到一个具体目标。一旦选择了方向，就要聚焦，然后想方设法做好它。

CEO 的核心是树立一个简单可行的目标，并且树立一个越简单越聚焦的目标。尽管这个目标，可能在将来会不断变化。傅盛在思考金山网络发展方向的时候，起初定义为要成为全球最优秀的互联网公司；但觉得仍不够封闭，就重新定义为要变成国际化的公司；之后又聚焦到变成中国移动端国际化最好的公司，但仍觉不够；最后变成一个封闭式的问题，就是要成为国际化移动端360。当把目标再具体到占有全球超过6亿月度活跃用户、变成全球TOP级别的广告平台时，这个问题比“做最好的自己”“全力以赴”简单多了。

这样的例子不胜枚举。

阿里巴巴的口号是“让天下没有难做的生意”，但实际上它的封闭式问题是什么时候销售能够超过沃尔玛，怎么超过沃尔玛，用什么样的方式超过沃尔玛。当你在一个封闭式目标下去做用户获取、大数据分析、广告信息有效分发等时，就会变得清晰很多。

滴滴出行做网约车，一天有数十万个订单。它提出了一个封闭式的口号——做最好的打车软件。目标是最近叫车，5分钟内解决。这就是非常封闭的问题，可执行、可落地的问题。

创业者如何形成具体的封闭性问题，确定创业目标呢？互联网时代不同于生产制造时代，不再是有了技术优势、生产线优势、资金优势就能成功的时代；而是需要通过不断尝试，不断试错，获取更多经验值，从而变得比别人更强大，这样才离成功更近。你要做的是小步快跑，这不仅是互联网法则，更是整个人类社会进步的法则。现在，生产成本降低，试错成本下降，所以就要不断快速尝试，找到自己的目标，并获得成果。试错的本质是增加经验值。而创业就是一个不断获取经验、逐步升级、最终上市的过程。如果每天都在研究琢磨，一直在思考各种可能性而从不试错，就可能会失败。

多并不等于强

1000 个鸡蛋和 1 个石头死磕，最后谁碎？不要以为多就是强。

——作者

彼得·蒂尔在《从 0 到 1》里面讲了一个重要原理：在移动互联网时代，市场是一个大气球，当你把所有的能量和资源聚焦到目标客户最迫切的需求上后，然后像一根针一样坚决地扎进去——这个市场就被引爆了。在细分市场，做极致的产品，形成拳头产品，迅速形成垄断，然后再找机会做产品线延伸和品牌延伸，或许是初始创业者打开局面的一个路径。

古人云：一尺之棰，日取其半，万世不竭。也就是说，一尺长的东西今天取其一半，明天取其一半的一半，后天取其一半的一半的一半，总有一半留下，所以永远也取不尽。对创业者来说，或许可以把客户需求这样细分下去，进而找到被巨头忽略掉的市场缝隙，最终做强做大。

从实战角度来说，客户的细分就更加多样化了——从职业上来讲，客户可以是蓝领、白领、农民等；从年龄上来讲，客户也可以分为多个年龄阶段；从收入水平上来说，又可以细分成若干层次……这还不包括同时满足上面两个或者多个条件的细分人群。比如，你可以做一款针对 25 ~ 30 岁的、收入水平在 6000 ~ 8000 元的、在北京经常出入高档写字楼的人群的交友软件。而在互联网时代，有太多大数据，做这些细分并不是什么难事。

创业公司饿了么专注于白领外卖市场，在这方面做出了表率。数据显示，2015 年 7 月，饿了么白领外卖市场交易额占比高达 35.13%，成为该细分市场的最大赢家。2015 年年初，饿了么获得了 3.5 亿美元的 E 轮融资，随即着手建立品牌形象，把饿了么打造成时尚、充满活力的品牌，并喊出“和你一起拼”的口号。本来传统的外卖行业瞬间时尚了起来，吸引了众多白领的目光。饿了么在随后的一系列营销及运营活动中，都是围绕“白领外卖”来做文章的。饿了么与去哪儿网、触宝电话等和白领商务人士生活联系密切的企业合作，开展线上线下活动，维护和吸引白领用户。同时，饿了么聘请白领熟悉的综艺明星王祖蓝为企业代言，并于 2015 年 5 月初、6 月初进行了两轮大规模的分众广告投放。第一轮投放后，白领外卖市场交易额由 700 万元增长至 1500 万元；第二轮投放后，白领外卖市场交易额由 1500 万元增长至 3400 万元：交易额增长率均超过 100%。在用户体验上，饿了么自配送团队与第三方配送团队双线发力，进一步扩大了饿了么在物流配送方面的领先优势，满足了白领商务人士对送餐时间的严苛需求。

在这方面的反面例子，就是 2017 年频频因负面消息吸引眼球的乐视。乐视做影视版权起家，乐视网率先上市，后来推出了超级电视，“内容 + 硬件”的模式着实火了一把，随后乐视便开始了四处出击。手机、汽车、影视、体育、金融、云服务……乐视的触角伸向了四面八方，业务越来越多。熟悉乐视的人都知道，乐视最喜欢提生态，其参与的这几大领域最后被包装成了七大生态。乐视的生态逻辑是围绕用户群，从平台、内容、终端、应用四个层面，形成一个重度垂直的闭环，满足用户的各种消费需求。但是，早就有业内人士表示，完全没有看懂乐视的生态链想表达什么，不无担心地说：“短短几年摊子铺得太大，烧了那么多钱，没有一项是赚钱的。除电视业务外，很多业务根本看不到赚钱的前景在哪里。”而且仔细分析后可以发现，乐视的业务很少能排入第一梯队的。不要以为多就是强。

调查显示，中国民营企业的平均寿命是7.2岁，世界500强的平均年龄是40岁。中国企业如此短命原因何在？任正非道破“天机”：“许多公司垮下去，不是因为机会少，而是因为机会太多、选择太多。太多‘伪装’成机会的陷阱，使许多公司步入误区、不能自拔。机会，就是炙手可热的战略资源。但是，并不是所有的战略资源都可以被开发成战略产业。有些战略资源能够形成战略产业，有些战略资源则只能为资本运作和战略结盟提供题材和想象空间，却不适合作为一种战略产业。”这是一个充满诱惑的时代，当机会太多时，人们常常会分不清哪些是真正的机会、哪些是“伪装”成机会的陷阱，想抓住每一个机会，结果却是竹篮打水一场空。

在创业时，创业者真应该问自己三个问题：自己的市场在哪里？自己的用户是谁？自己知道自己在做什么吗？

创业很火，天使投资人多而活跃，因而这几年创业者要想拿到天使资金也相对容易。但创业者要警惕，目前很多赛道都被创业公司的各式各样的产品塞得满满的，但接盘的VC、PE（私募股权）数量并没有增多。更重要的是，投资人开始选择谨慎打法，并且迅速聚焦，意思是他们只会去扶持行业内的前三名。无论有多少人在赛道里，前三名永远只有三个席位，更不用说现在第一、第二名合并的情况大量出现，这一下子让“老三”欲哭无泪。

“多”并不是强，“一”不代表弱。对于大多数创业者来说，选择细分领域，从“一”开始，创业成本较低，适合学习与发展。在一个小规模的市场内，无论是成功或是失败，都是建立在一个小的量级上的，同时，服务需求较为单一明确的用户也意味着你可以耗费较少的时间。这些因素使得在细分市场内的创业成本较低，即使失败了也没有多大损失。而且，在细分领域，能够省去团队之间的沟通成本、资源调度和权衡不同意见的时间，大大缩短了需求到产品的路径，使得迭代速度非常快，更利于互联网创业的成功。

眼界有多宽，事业就有多大

> 我们常常自以为是，以为自己很牛，其实我们的眼光仅仅立足于本行业，而非立足于全球，眼界即世界。
>
> ——作者

开阔视野、有远见是一个创业者必须具备的能力。创业公司各个环节的节奏快，各位负责具体工作的人员一天到晚忙得晕头转向，限制了思考的时间和空间。他们很难有时间、精力跳脱出来，好好审视一下自己从事的工作在整个流程中的位置、重要性，在整个行业中处于什么水平。记得一位成功的企业家说过，员工想的永远是你给他发多少工资，才不会帮你想你现在的项目面临什么困难，除非你给了他额外的东西，比如股份。

这就要求创业者自己要有更宽广的视野，要求创业者站在高处看远处，站在未来看现在，要对自己所处行业的演变趋势了如指掌，对公司的发展方向成竹在胸。至少在所领导的团队中，眼界、格局比别人高，看到别人没有看到的，想到别人没有想到的，这样，你才有资格领导别人。

当同事们都在为达成了阶段性目标而欣喜若狂的时候，作为创业者，切莫让阶段性的胜利蒙蔽了双眼，你感到的应该是欣慰，而不是欣喜。因为你心中还装着大梦想，因为你需要看得更远，因为你还要带领大家完成更大的目标。

曾有文章以“小米因雷军的眼界诞生”为标题报道小米手机的成功。早在2005年雷军就开始思考，5年后的中国市场是由移动互联网决定的。2009年，移动互联网创业黄金年来临，应该如何切入？雷军的判断是当机立断地做智能手机：2009年规划MIUI（米柚）及小米，2011年诞生。雷军认为，小米手机对于中国用户来说，不应该只是手机，而应该是一个新品类。小米的规划让雷军陷入空前的兴奋：移动互联网让中国品牌和产品头一次和世界品牌站在同一个起点上。庞大的雷军系的互联网资源让他决定，违反传统手机市场从南（深圳）向北（北京）扩张的发展规律，利用互联网的力量，从北向南，打造一个移动互联网载体。

一个人的视野有多宽，他的事业就会有多大。爱因斯坦是我十分敬佩的科学家，他的故事也印证了这一点。

当同龄人还在学校里按部就班地学着老师教授的书本知识时，眼界渐渐开阔的爱因斯坦已经将自己的注意力放在了更有难度、更有乐趣的事情上。12 岁的爱因斯坦拿到了一本几何教科书，立马饶有兴致地一口气读完，此后便一发不可收拾，自学高等数学，对物理产生兴趣……正是因为他的眼界足够宽阔，所以才能站在常人无法触及的角度，将吸收到的各类知识用完全原创的方式重新组合，成为 20 世纪伟大的物理学家之一。

那如何开阔眼界、拔高格局呢？一家杂志社研究了上千个创业案例，走访了数百名创业者，发现这些创业者的创业思路有以下几个特点：

一是利用既往经验。如果创业者选择的是与之前的工作相关的领域，那么对行业的运作规律、技术、管理、市场都非常熟悉，眼界自然就宽。

二是多阅读、多交流。多了解行业新闻、趋势。知识不如见识，你苦思冥想许多年仍然没有解决的事情，在世界的某个角落可能已经被完美地解决了。

三是多学习、多走多看。科宝整体厨房如今在国内非常有名，但是科宝在起步时，并不是做整体厨房的，其专业是抽油烟机。后来科宝的创始人蔡明发现，不少顾客在买了抽油烟机以后，还会向他们定做几个吊柜、厨柜，以便放置一些厨房用品。这时候科宝开始有意识地向整体厨房方面转型。但科宝转型时，因为眼界的局限性，认为整体厨房就是做几个柜子，处于很低级的认知和设计水平。直至 1999 年 5 月，蔡明去德国科隆市参加每两年举行一次的家具配件展时大开眼界，才转变了思路。蔡明之后感叹说："看了展会，我发现自己以前做的东西，简直不能叫整体厨房。"

顺势而为

人一定要懂得顺势而为，切莫自以为是。

——作者

先秦时期荀子的《劝学》中有这样一句话："登高而招，臂非加长也，而见者远；顺风而呼，声非加疾也，而闻者彰。"意思就是：你站在高处招手，虽然你的胳膊并没有加长，但是站在远处的人，都可以看到你；你顺着风的方向呼喊，虽然你的声音并没有加强，但是很远的人都能听清楚。这是因为"顺势"。

中国商圣胡雪岩说过：做事情如中国一句成语说的，"与其待时，不如借势"，懂得借势，那些看起来非常难办的大事，就可以顺顺利利地办成。如果你在创业中遇到了凭借个人力量无法解决的困难，请不要轻言放弃，因为或许还有一个办法你还没有尝试，那就是借势。如果你能乘势而起，借势而为，那就可以攻无不克、战无不胜，因为势是不可挡的。

21 世纪以来，凡是顺应历史及市场大势而为者，都迅速发展强大起来了，比如苹果、阿里巴巴、亚马逊等公司；而那些没有顺势而动、固守经验、吃老本的曾经辉煌耀眼的大公司都渐渐衰落了，比如诺基亚、柯达、松下等公司。中国正处于全面的产业形态及产业格局大变革、大转型阶段，有机遇，也有陷阱。总体而言，传统的实体经济和商业形态，正在遭受网络经济形态的全面“绞杀”，如何顺势而为，大有技巧和策略。在互联网特别是移动互联网等领域涌现出了大批优秀的公司，这些公司因为借了互联网之势，再加上自己的努力经营，仅仅几年时间就从名不见经传的小公司，变成了年收入达十几亿元的互联网巨头。

我在创立奇迹营销公司，进入美容行业前是做鞋的。为什么选择进入美容行业？我做了一番调研，决定顺势而为。要进入一个新行业，基本需要做几个维度的调研：行业前景、行业发展阶段、行业的竞争态势、成功的核心能力和撬动点等。在调研后，我发现，美容行业有以下几大特征：

一是美容行业普遍都是先预收款，然后再开始出货和提供服务，没有资金风险。

二是美容行业进入门槛低，不属于重资产行业。

三是美容行业没什么巨头，没有形成垄断竞争格局，行业处于野蛮生长态势。

四是美容行业虽然属于靠人拉动的行业，人的单个产值有限，但相比鞋行业，利润还算不错。

美容行业在疯狂生长，还没有强大的竞争对手。我虽然不是美容行业的“土著”，但仍决定进入美容行业，并一发不可收拾，直到现在。

后来奇迹营销从会销单一业务曲线，增加了新零售第二条业务曲线，这是为什么呢？顺势而为。化妆品这个产品形态，固有的行业和渠道有四大类：日化线、专业线、微商和电商。化妆品在这四个行业和渠道出现，生存和发展的撬动点分别是什么呢？如果把这些撬动点结合在一起，是不是会产生10倍好的效果呢？这就是线上线下新零售业态。这些都是我当时思考的问题。

具体来说，一是我看到微商在走下坡路；二是新零售相对于微商而言拥有更强大的势能。

微商是To C（面向个人），没有销售渠道，一般是针对朋友圈里的个人。客户黏性比较差，成交率很低，可能只有7%~8%。而且，很多货品都囤积在经销商手里，并没有真正被消费者买走。

新零售可以是To C，也可以是To B（面向商业）。其中，To B针对的是实体店，如美容院。美容院跟客户之间的黏性特别强，成交率可以达到70%以上。而且，只要客户进购了我们的货品，我会派一个老师进驻门店，帮助门店制订销售策略，比如策划活动，把货品销售出去。跟我们合作的一家店，之前每月的营业额约为2万元，通过我们的方案达到了每月20万元。这样客户就没有了后顾之忧，敢进我们的货。在美容行业，有很多同行也在努力、苦干、实干，但是发展得没有我们好。为什么？因为风口的选择、势能的选择不同。

瓜子二手车创始人杨浩涌说过，创业的势能像什么？就像你和你的竞争对手在平静的海面上划一艘船，如果有一个浪推着你，结果是什么？对手划两下的时候，你可能只需要划一下就可以了，而且你可能比对手速度更快，这就是创业的势能。对创业者来说，不管是在所谓的“寒冬”，还是有好的时机，都有机会甩开竞争对手。

团队的势能非常重要，一旦你获得了这样的势能，公司发展就势如破竹。公司规模为几十个人的时候，你应该讲你的梦想、愿景，把团队成员打造成同一类人，形成团队凝聚力。如果早期没有这样的团队，等发展到几百个人的规模时，再想打造这样的团队，就会很难。

功成名就者，一般都懂得顺势而为。在追寻成功的路上，顺势最易，借势稍难，造势境界最高。今天的创业者，要想突破创业的瓶颈，走出事业的低谷，必须首先懂得顺势而为，借助大环境获得大发展。无论是创业还是投资，首先要选一个好的投资项目。但什么是好的投资项目呢？有的人认为，好的项目就是完成投资进入运营后，很快就能产生可观的利润，不久便可以收回投资成本。其实，这未必是一个好项目。一个好的项目，完成投资后未必能够立即获得可观的利润，但是会有不断向好的盈利预期和持久的盈利潜能，有很长的生命周期。顺应大势之后，还要积极争取优惠政策，打造自身的适宜环境，努力营造良好氛围，最大化有效使用身边的各种资源，懂得聚合放大，在投资模式、业态创新、营销策略、客户体验黏度等方面努力提高水平。顺势是为了“为”，顺势而为，最终是为了顺势大为。

创业者要随时纠正认知错误

> 阻碍一个创业者走向成功的，要么是认知出现了障碍，要么是认知出现了偏差。
>
> ——作者

我们常常在成龙、李连杰的功夫电影里看到小个子和壮汉的对打，小个子总是左蹦右跳地移动，一边避开壮汉的攻击，一边寻找出击的机会。这种快速移动的策略对于创业公司来说也是值得借鉴的。大公司胜在资源多，小公司的好处就是灵活，风向一变，就能及时调整公司方向和团队架构。很多创业成功者，最终成功的故事和刚开始想的都是有很大差异的。创业者开始创业时，很少能够把各种风险都预估到，把各种情况都考虑周全，大都是在摸索中逐渐修正自己的认知的。例如，创业公司想推出一款产品时，不能等产品完全成型后才推向市场，因为这个时候可能已经失去先机了；为了抢占先机，应该以最快的速度推出一个1.0产品，测试用户和市场的反应，然后根据反馈及时对产品进行迭代、升级、改造。产品如是，认知亦如是。

龚海燕曾经是著名婚恋网站世纪佳缘的CEO，因为看好在线英语教育，便辞去高管职位创办了91外教网，并获得天使投资人徐小平和王强的联合真格基金一起投资的口头承诺，但正当律师已开始走流程的时候，王强却打电话来称决定放弃投资。当时王强给出的理由是，91 外教主攻的口语市场很小，没有大的发展空间。这对龚海燕的影响很大：一方面，要在春节期间紧急约见网易资本等其他投资机构，筹集资金；更重要的是，毕竟王强是在新东方打拼多年的口语专家，他的退出使龚海燕开始怀疑自己二次创业的模式。虽然对创业方向有着疑虑，但是箭在弦上不得不发，已经全面启动项目高调出发的龚海燕只能硬着头皮走下去。“项目不见得要那么早就去宣传，可能你做几个月后才发现，方向都没选对。”龚海燕后来反思说。寻找新的创业方向贯穿于 2013 年 91 外教的成长过程中。随着对在线教育了解的不断深入，龚海燕越来越意识到调整方向的必要性。她发现，在新东方的所有产品中，口语教育需求只占全部需求的 2%，中小学生补课收入增长很快；而 91 外教不以应试英语为初衷的教学理念无法切入学生市场，目标用户基本上以分散的白领群体为主，市场营销成本太高。

造成这种状况的原因在于，龚海燕前两次创业的初衷都是解决痛点，如婚恋问题和英语口语差。在反思过程中，龚海燕逐渐转变为通过调研“别人的需求”来寻找新的创业项目。龚海燕后来在总结这次创业教训时罗列了六点，包括控制成本、掌握先机、选择互联网之外的领域等，其中一条便是，发现认知错了、方向不对时要尽快调整。她曾对记者说：“第一次创业，我自己做成了一个上市公司其实很偶然，一开始并没有确定公司会走到哪里去。但现在我自己有坚定的目标，即反应速度要更快，对市场要更敏锐，发现方向不对时，要尽快调整；整个公司选择的都是执行力很强的人，跟不上节奏的人都会被淘汰。”

我的一个朋友与一位在行业内颇有品牌推广和销售经验的同事一同创业。他们雄心勃勃，要打造业内最高端的品牌，公司的目标客户是富人阶层。但是，想法很好，实际销售业绩却非常不理想。而且创业初期是资金持续投入阶段，所需资金远高于预算。这个时候，这位朋友面临着资金流动压力——是否有持续的资金注入；还面临销售业绩的压力、产品更新换代的压力。第一年如此，之后又坚持了一年，仍是不断地“烧钱”。到了第三年，这位朋友终于认识到，继续走高端路线已经不符合市场的要求了，毕竟高端产品非常小众化，没办法量产，即使有销售也是零星销售，根本支撑不起公司庞大的开支。如果继续这样下去，结果只有死路一条。痛定思痛，这位朋友决定纠偏、转型，主打中低端产品。因为整体技术实力和产品制造实力不错，新产品很快面世，也召开了新品发布会。在销售部的努力下，新品终于慢慢打开了市场，经销商也逐渐多了起来，销量也慢慢有所上升。经过阵痛般的转型，公司已经慢慢打开了局面。我的这位朋友事后感叹，幸好没有一条路走到黑，及时进行了认知纠偏，调整了经营策略，企业才慢慢好转起来。有时候，创业者本身的认知局限是成功路上的最大障碍。

所以说，创业真的很难，不是每一个人都适合创业，也不是每一个人创业都会成功。创业前期、中期、后期遇到的问题、需要考虑的问题、需要做决定的问题实在是太多了。而每一次决定，都是对创业者认知的挑战。创业者的认知有没有随着市场的变化更新，创业者的思维有没有从打工必备的战术升级到做老板需要的战略上来，都非常重要。只有亲自实践过的人，才能尝到创业的苦和甜，才能体会到创业对身心的磨炼。

每一个创业者如果在创业中遇到不可控因素，无力回天，都要首先想想自己的认知是否真的全面而正确。如果不是，必须尽快做好转型或是止损，以避免遭受更大的损失。转型就是变更经营范围或是补充新的产品，以适应市场需求；止损就是结束一项失败的生意，算是壮士断腕，但是也积累了一些经验，等下次择机创业时，或许能收获成功。

一位创业者对我说，在创业过程中他始终保持着清空和归零的心态。其实大多数东西很快就会过时，很多新知都是在最前沿的事件中获取的，很多经验也都是在尝试的过程当中获得的。其实，一个公司的能力更多地体现在团队本身的能力和快速迭代的能力上。团队本身足够强，创业意愿足够强，态度足够好，那么成功的概率就高。

这种清空与归零的心态，实际上就是每天都学新东西、提升自我认知的心态。在互联网时代创业，就要永远做一个学习者。每一个创业者都试图实现逆袭，在这个过程中，每时每刻保持归零的心态，不断积累新东西，就是较好的一种方法。即使是腾讯、阿里巴巴这样的大公司，也随时有危机感，尽管它们暂时占据了领导地位，但是随时都可能被其他的模式颠覆。

当然，提升认知、纠正认知偏差对一个创业者来说，是一件有难度、有挑战的事情，更何况是一个创业团队。所以，创业者一方面要让团队有模式更迭的意识；另一方面要培养团队对创业者的信任。

选择正确的创业时机

成功就是在正确的时间做出正确的决策。

——作者

“太早了，死在沙滩上。”“太晚了，已经有很多人在做了。”“可惜当年没有再坚持一两年。”这些描述创业过程中如何判断切入“时间点”的感悟，显示出了创业者的纠结、无奈与懊悔。

对于共享经济的佼佼者滴滴出行的成功，大家可能会说是腾讯、阿里巴巴“烧钱”造成的，但是如果换个角度想，把时间点提前一两年，拼车、打车市场早就有人做了，当时以呼叫中心模式为主，打车人与司机之间的信息对接不顺畅，效率很低。为什么当时没有打车软件？因为那时候智能手机的普及率很低，用户意识也没有形成，手机支付的障碍还没有解决。如果滴滴、快的那时候就开始做，恐怕腾讯、阿里巴巴也不会砸钱进去，熬不起的情况下只能等死。滴滴、快的的出现可谓是生逢其时，在合适的时间切入了合适的市场。

再以互联网搜索引擎市场为例，第一个搜索引擎雅虎诞生于 1994 年，极大地满足了人们对信息搜索的需求，培养了用户搜索习惯；然后市场迅速增长；之后，Google 和百度进入，并进一步培育和发展了用户需求；此后，搜索引擎市场已经成熟，机会窗口实质上已关闭了。后来新创建的搜索引擎很难获得成功，即便是腾讯这样有资金又有技术实力的企业，也无能为力。

在确定创业切入点时，创业者可以参考红杉资本的著名的问题架构：为什么是现在？对于这个创意，为什么现在是最佳的创业时间？为什么要创立一个这样的公司？为什么不是两年前？又为什么不是两年后？凡是成功的创业案例，都一定有很棒的创意，对这些问题都有非常精彩的回答。如果你无法回答，那么想创业还应再考虑考虑。

首先谈谈“何为太早”。创意并不总是机会，而创业绝不仅仅起源于创意。有的人有一天突然来了灵感，有了一个想法，越想越觉得这事儿能做成，于是甩开膀子就干，结果十有八九会挂掉。创意仅仅是一种思想、概念或想法，它可能满足机会所需要的条件，也可能不满足。当创意不能满足机会所需要的条件时，创意只能是你的奇思妙想而已。

那“何为太晚”呢？如果你正在开发一个手机应用，突然发现手机应用市场中有上百个类似的应用，这时你就要意识到这个市场可能已经饱和了。尤其是当你看到几个竞争公司已经拥有了大批用户，发展势头也很强劲的时候。或许你已经没有机会了。你或许还不死心，认为你的产品设计比现有产品要好 20%，但是估计没几个人愿意花费时间将它转变成一门生意了。因为成功概率太低了。

那何时为恰当的时机呢？从某个角度来说，如果市场调查显示，存在着一个你的产品正好能解决的问题，并且网上关于这个问题的讨论热火朝天，这个时候可能就是最佳时机。如果这时没有其他创业企业与你竞争，或者说你觉得它们的解决方案都稍显逊色的话，那简直就是天赐良机。记住，你最大的竞争对手或许还没登上舞台呢，你要时刻预想别人可能会以怎样的方式参与进来。

晨兴创投的著名投资人刘芹有一个非常有意思的判断：领先0.5步是最佳的创业切入时间。时机太早，这个市场需求不足，你会发现成功的机会很小。90%失败的公司都不是因为方向、体量方面存在问题，可能绝大部分是因为切入市场的时间太早。

创业者在选择创业机会时要思考：产品对用户有吸引力吗？是可持续的吗？是用户现在必需的吗？能够为用户带来什么样的价值？能帮用户解决什么样的问题？很多情况是，看似诱人的新产品或服务创意给用户带来的是困惑而非便利，它们注定会失败。

有的人可能会反驳我，有些公司为产品的上线时间费尽了心思，可是最终还是以失败告终；也有那么一些公司，拿着还未成熟的产品，凭着运气和直觉竟然获得了成功。这是因为，创业成功，不就是从一堆不确定的事情中，寻找到那一个相对来说确定的吗？

合作伙伴决定着你的段位

> 自己没能量，却又不愿意和他人合作；明明走不出困境，却死要面子不肯请别人帮忙。创业者应该先要“里子”，活着比什么都重要。
>
> ——作者

国际上有一个法则——吸引力法则，就是说每一个人都是有气场的。在交友时或是寻找合作伙伴时，气场决定你的段位。因为，你是什么样的人，你就会接触什么样的人，就会吸引什么样的人。做生意选择合作伙伴的时候，实际上和找对象一样，彼此的价值观一定要一致，这样你们可以同甘共苦，一直走下去，可以化解很多危机。如果创业者与合伙人的价值观一致的话，即使他们将来分开，也不影响继续做朋友。创业者创业是为了挣钱，但在选择合作伙伴时，一开始不要只考虑钱。双方最后挣到钱，是最理想的，但不能一上来就谈钱，这样的话一般合作都不会长久，而且最后可能彼此连朋友都做不成了。所以找合作伙伴时，在价值观方面需要十分谨慎。

腾讯公司经历了2004—2010年的“野蛮成长”，按理说一家独大了。但是腾讯在这个时候开始改变在每个领域内“横插一足”的模式：相反，它开始做减法。一些次要的业务被剥离，比如在百度与阿里巴巴的阴影下生存艰难的搜搜和拍拍，比如一些边缘业务。与此同时，更加重要的一个转变是，腾讯开始改变了此前那种“与每个领域的领头羊都一战到死，不把对方搞死誓不罢休”的态度，转而走上了一条开放之路，用合作代替竞争。建立在QQ空间基础上的“开放平台”，作为一个新兴但至关重要的产品线，在2011年前后面世，并在此后的很长一段时间内为腾讯用户接入了第三方开发的诸多服务，极大地方便了用户。自此，腾讯开始正式由封闭走向开放和多元，之前的“圈地跑马”变成了更多的战略投资与合作。这种基于“开放 + 合作 + 战略投资”“做好关系与社交，然后大量接入第三方开发的服务，为用户提供服务与价值”的整体思路，被腾讯坚定不移地贯彻至今。包括此后腾讯对滴滴出行、大众点评、58 同城、万达电商等完成的战略投资，都是这一策略的衍生产物。事实也证明，开放和合作为腾讯带来了更大的发展空间和更多的可能性，甚至是新的营利方式。这些合作伙伴帮助腾讯成就了庞大的商业帝国。而且，之后“开放平台”一度成了各种互联网大型平台类产品的标配，从人人网到百度到阿里巴巴再到新浪微博，无不如此。

商业巨头都如此重视合作伙伴的力量，更何况众多在风雨中飘摇的创业企业了。互联网创业公司数量上的膨胀加剧了企业生存条件的恶化，在快速变更的互联网风口里，初创企业前有饿狼后有猛虎。于自身而言，初创企业在发展初期各方面体系都不成熟；于外界而言，尤其是在产品研发、打造品牌知名度的营销环节，更容易腹背受敌，更容易痛点频发。就从打开市场来说，初创企业的品牌认可度不高。比起已经具有一定规模的公司，初创企业普遍缺乏品牌认知度，在供应链中，籍籍无名的初创企业很难开展业务；在面向用户的终端上，无名之辈要想打开市场更是难上加难。名不见经传的初创品牌由于缺乏行业影响力和公信力，需要承担代价很大的被埋没的风险，这也使得初创品牌在行业竞争中往往处于劣势。面对艰难的营销现状，软硬件双线缺失的初创企业如何找到一位能够帮助自身实现品牌营销的“引路人”，就显得尤为重要。

在选择合作伙伴方面，丰田在起步阶段的做法值得借鉴。

丰田是世界十大汽车工业公司之一，早期的丰田牌、皇冠、光冠、花冠汽车名噪一时，近年来的雷克萨斯豪华汽车也极负盛名。最初，丰田只是丰田自动织布机公司下属的一个汽车车间，仅仅生产出了少量的卡车，生产家用轿车还是个遥不可及的事情。当时的负责人丰田喜一郎，也就是丰田汽车的实际创立者，让手下安排自己去见一个人，这个人叫神谷正太郎，此人是通用汽车公司在日本搞销售的一个职员。

丰田喜一郎和神谷见面后，相谈甚欢。神谷几句话就道破了美国通用等汽车公司在日本所进行的销售工作的致命弱点，即以短期利益为驱动，使得日本经销商苦不堪言，一年一签合同，不行就淘汰，没有长期合作的基础。神谷认为这不符合汽车这种大件消费品的特点，不符合日本的文化，不符合日本商人重感情、重长期合作的习惯。会面后不久，丰田喜一郎就力邀神谷加盟了丰田。

喜一郎得到了神谷，并且很快提拔他做丰田的六大董事之一。神谷总能找到做事的要害，而且他的布局能力无人能及。第二次世界大战结束后，日本产业界一片迷茫，不知道干什么，神谷立即着手在全国进行游说，把各地的销售力量纳入丰田体系。这些迷茫的经销商看到有人与他们合作，纷纷加入丰田。等丰田的竞争对手发现后，一切都晚了。神谷还最早在丰田公司关注系统地培养人才，投资建立进修中心，将汽车销售变成专业的、令人尊敬的职业。神谷主掌销售公司的时候，斥巨资收购日本汽车学校，汽车学校培养出来的专业人员进入销售服务体系。这些都领先于当时的日本汽车制造企业，当对手明白过来时，已经晚了。

丰田喜一郎不仅引入了合作伙伴神谷，还把丰田发展史上的另一个关键人物大野耐一找了过来。大野耐一是丰田生产方式的发明者，依靠这种方式，丰田在美国汽车生产领域几乎傲视群雄。喜一郎给大野耐一足够的空间，让他在试验车间做实验，前后 30 多年才成型。创业者丰田喜一郎知道企业生存发展必不可少的是各领域优秀人才的合作，这些人的才华和能力与丰田的家族理念相融合，取得了惊人的成就。

第五章　知行合一

比身体懒惰更可怕的是思想懒惰

> 比身体懒惰更可怕的是思想懒惰。
>
> ——作者

仕止非曾经说过，“要砍掉高层的手和脚，就是要他们头脑勤快，而不要用手脚的勤快掩盖思想上的懒惰”。这个道理同样适用于创业团队。除了找钱找人，创业者最重要的事情就是找对方向，设定战略。你必须逼着自己去思考公司要去向何方，你可以借助“外脑”的建议和行业经验等去判断。你必须想出来，并且告诉你的同伴要去向何方，否则一个团队将无处使力。你不能手指一个方向然后就让大家自行探路，这样就算大家都想努力向前，也无法形成合力。而且从现实情况来看，不仅创业者本身，创业公司的高层管理者也会遇到类似的问题。因为预算有限，在人员结构上就会遇到一个大家不愿面对但确实存在的问题——“高配领导＋低配员工”。许多尴尬的事情就出现了，一个好的方案，执行层或许理解不了战略意图，或者缺少相应的资源，还有些员工甚至根本不知道如何去执行。而这个时候，就需要高层管理者多动脑筋、多想办法、多费心，让普通员工能够正确执行公司战略。

我所见过的靠谱的创业者，没有一个是不勤勉的。我这里说的勤勉并不是指每日挑灯夜战、事必躬亲，而更多的是指思想上的勤勉。但有些创业者往往会疏忽思想上的勤勉，并拼命靠肢体上的勤勉来弥补。他们通常在一件工作上犯两次以上的过错，他们通常有拖延症，他们通常在产品研发进展到一半的时候通过更改方案来更正因为思考不彻底而造成的疏漏。

思想懒惰的常见表现，一是不肯把一件工作想透彻。一个产品构思的成型需要进行逻辑缜密的思考论证。而在思考前需做好充足的准备，掌握开发产品所需的相关信息，整理出清晰的头绪，不断推敲每个层次之间的逻辑关系然后得出定论。很多人容易在这个进程中采信未经证明的信息，或是懒于收集更全面的信息，即使收集了也没有进行充分研究，致使结论出错。

思想懒惰的常见表现，二是没有独立思考能力，对所谓朋友的建议、投资人的忠告不加鉴别地采用，听任自己的思想被左右。别人做什么我也做什么。长于模仿，短于创新。这是企业家的局限。

思想懒惰的常见表现，三是对出现的问题疏于细究。当问题或是意外发生后，不只要处理问题，还要思考问题发生的前因后果，现行的准则、办法和逻辑哪里存在缝隙，本源是什么，并建立相应的防备机制，避免再次发生同样的问题。

思想懒惰的常见表现，四是存在思想惯性。一出现反对意见或是偏离自己惯性认知的观点，本能的反应就是反对。但大家想一想，互联网能够在中国发展起来，形成今天繁荣的局面，从某种程度上来说，就是因为突破、打破了旧有模式。所以，对待新的观点、不同的说法，首先要有包容的智慧和胸怀，然后再认真分析对方这样讲的出发点和原因。

思想懒惰的常见表现，五是没有大局观。大局观就是在创业的过程中，厘清创业的本质，站在更高的位置，全方位地审视创业过程中所遇到的问题，用自己内心合理而精确的思想，去指导创业实践活动。出发点决定终点，动机决定动力。有的创业者仅仅盲目解决眼前问题，却懒于花费更多精力站在高处思考问题。

思想懒惰的常见表现，六是缺乏探求欲、好奇心。遇到自己不明白的工作总想蒙混过去。对某件事情很有兴趣，你就愿意去尝试，愿意去尝试才会有灵感，不断尝试才会有创新。而且有了好奇心以后，你不太会在意别的东西，比如失败。失败就失败了，你也不太会在意别人的眼光，不太会在意他人怎么看你，只会在意这件事有没有意义。

虽然诺基亚的时代已经过去了，但对大多数人来说，诺基亚依然是一个响亮的品牌。诺基亚创造了手机行业的高度，2008 年时，它的市场份额高达 40%，这对任何一家手机厂商来说，都是遥不可及的数字。三星最巅峰时，市场份额大约为 30%。最关键的是，诺基亚拥有其他企业所没有的口碑。诺基亚曾有创新的基因，从最初的木材、橡胶制造商，到手机行业的领头羊，它的每一次转变都让人刮目相看。它曾试图通过一系列收购，进军互联网——从卖产品、卖硬件，摇身变成卖服务、卖应用。但最后一次转型，诺基亚没有成功，便走向了深渊。苹果手机出现后，诺基亚的领导人认为，移动互联网对诺基亚不会造成冲击，苹果不会对诺基亚造成冲击，因为诺基亚内部认为，苹果的触屏手机针对的只是小众市场，不会引领行业潮流。当然事后证明，诺基亚高层的认知是完全错误的。时代变了，用户对更好的使用体验的需求被激发出来了，但是诺基亚还是按照惯性思维去考虑问题，也疏于对新兴需求的研究，被谷歌以及苹果打得体无完肤，最后被市场抛弃。

回到国内，我们讲“大众创业、万众创新”，讲“中国制造2025”，讲我们每一个人梦想的实现，都离不开思想的创新，离不开实实在在的努力和付出。为了这一切，我们要拒绝做思想上的懒汉。

跟上时代，拥抱变化

> 现在的实体店真是一年不如一年，要么等死，要么突围。移动互联网的革命比预想的更惨烈，是拥抱移动互联网，还是被移动互联网抛弃？你的命运，你自己决定吧。
>
> ——作者

这几年，随着移动通信基础设施的不断完善，中国的互联网快速进入移动时代，应用创新、技术突破，都呈现出世界领先的发展势头，不仅改变了我们的生活方式，更让世界为之惊叹。5年前，中国手机网络还是3G的，手机网民也就4.2亿人左右。而2013年，4G牌照被正式发布，中国推出了自己的4G标准，移动互联网开始在中国大地上迅速发展。据统计，截至2017年5月，我国4G基站的数量达到了279万个，占全球总数的60%，是世界最大的4G通信网络。如今，中国的手机网民人数从4.2亿人猛增到7.24亿人，成了世界第一。

不知不觉中，我们的生活都因为手机而发生了改变。外国人评出的中国新四大发明为高铁、网购、移动支付、共享单车，其中有三项就与移动互联网相关。如今的中国人几乎可以放心地过上无现金生活。中国的网购人群数量和网络购物的交易额都居全球首位，中国人一年移动支付的金额就超过了208万亿元。每天早高峰，在全国，平均每分钟就有4万份手机叫车的订单等待着司机的响应。手机外卖也由少变多，交易额达到了2.74亿元。今天的中国，每100个手机网民中，就有69个在用手机支付，是2012年年底的5倍多。

实际上，2007年、2008年的时候以苹果、安卓系统的出现为界限，我国就正式进入了移动互联网时代。移动互联网发展初期，我们看到很多创业者来自PC（个人计算机）互联网，他们只是简单地把PC互联网上面的产品和服务搬到了移动的空间上来。后来，情况迅速演化，特别是在功能机向智能机快速转换的过程中，随着数据业务的普及，大家对高速业务的大规模的使用，使我们看到其实在移动互联网的创业过程中发生了非常多的变化。2011年之后，我们看到越来越多的企业的产品和服务完全基于移动互联网的产生，移动互联网的随时性、及时性、位置性带来了更多创业的机会，比如在2012年出现的滴滴出行，这是在PC互联网时代完全想象不到的。智能机和移动互联网的普及给我们带来了许多新的机会。

诸多大咖对移动互联网时代充满期待。搜狐董事局主席、CEO 张朝阳说，PC 的垄断在移动时代将变得无关紧要，他希望基于移动终端形成很多垂直化的社交网络，并乐于看到基于移动终端的社交网络有很多创业公司崛起。360 公司的 CEO 周鸿祎说，他并未太多关注自己公司的股价，他关注的是移动互联网时代 360 能否做出让用户尖叫的产品，如果不能在移动互联网上继续保持创新，股价和公司都只能是过眼云烟。

移动互联网让人与人之间实现链接，因此这几年我们看到在全球移动互联网市场，移动社交是发展最快同时也是最受关注的应用，可谓“生命不息，社交不止”。如微信、易信、微聚等，移动社交应用从熟人、陌生人到职场人士，正在不断地细分和切割，人与人之间链接的特性需要公司思考如何通过关系去传播品牌，以及如何进入移动社交的链条内。

除掉人和人的链接，移动互联网更重要的是人和服务的链接。现在，很多的移动互联网公司的商业模式，无论是易到用车还是滴滴打车，或者是 O2O（线上到线下）领域的生活服务，如美甲服务、洗车服务、家政服务等，都在用移动互联网结合位置服务，来链接和响应消费者的需求。

估计很多创业者目睹了近年来在移动互联网领域的整合。很多人都在问，是不是进行了这么多的产业整合之后就不再存在机会了？比如滴滴、快的的合并，又如滴滴与 Uber（优步）的合并，比如美团、大众点评这一对长期竞争的对手的合并，58 同城和赶集网的合并，美丽说、蘑菇街的合并，以及京东对一号店的收购，整个产业链的头部进行了优质公司的整合。事实上我们的答案完全是否定的，我们认为产业整合只是这个产业进入成熟的初级阶段，实质上还有更多的机会在产生。有突出的产品、有创新性的服务、有超越型的商业模式的这样一些中小公司，其实会在整合浪潮中获得更好的机会。

“90 后”也好，“95 后”也好，他们所成长的环境，和“60 后”“70 后”是完全不同的，他们和互联网一起成长。他们从小没有挨过饿，没有受过冻，基本的需求已经得到满足，他们更多地会追求品质化的需求、个性化的需求、网络化的需求。他们的需求和他们前辈的需求会有非常大的不同，他们更注重精神消费需求的满足，物质的需求其实在他们生活里面所占的比例已大幅度地下降。这些其实给移动互联网创业提供了一些非常独特的机会。

移动互联网的快速发展，培育了一批重量级公司。作为创业者，要跟上时代，拥抱变化，不仅要时刻关注移动互联网领域的发展趋势，还要关注整个创业环境、科技日新月异的发展，紧跟时代的步伐，才不会被时代抛弃。

百度公司董事长兼首席执行官李彦宏就在移动互联网之外，看到了人工智能的机会。他认为人工智能即将成为互联网巨头的新角斗场。他称互联网是“开胃菜”，人工智能才是“主菜”。而马云认为，未来 30 年不属于互联网时代。事实上，人工智能已经渗入我们生活的方方面面。无论是搜索、电商、社交、资讯还是生活服务等，都已经和人工智能紧密相连，这些都是大数据和精确计算的结果。在新闻资讯平台上，看到的是大数据处理过的你感兴趣的新闻，打开电商首页也是大数据推断的你喜欢浏览的商品，你点的外卖其配送路线也是人工智能计算的结果。

时代在飞速发展，科技信息在不断更新，对创业者来说，学会积极拥抱时代、因时代而变，才能持续成功。

持续学习，改变命运

知识才是改变命运的暗门，在从物质经济过渡到知识经济的今天，没知识真可怕。

——作者

《21 世纪商业评论》执行主编吴伯凡说过：逆境时看镜子，顺境时看窗外。第一句话好懂，遇到困境，问题往往出于自身，所以要看镜子；但是，处于顺境中为什么要看窗外呢？所谓顺境，就是你的内部平衡即将达成。表面看起来，顺风顺水，但是实际上危机已经隐藏其中。如果这时看看窗外，注意引进那些你原有系统中没有的因素，没准会有妙用。只有不断地学习，才能不断进步。我 1 年花在学习上的费用就将近百万元。

奇迹营销成立两年的时候，公司员工近 200 人，当时奇迹营销的业务是为厂商、代理商、美容院提供服务，最后的依附点是店家。一切似乎看起来都非常美好，但是我意识到了天猫、淘宝网、京东商城等电商正在吞噬这片市场，奇迹营销必须提早做出改变。经过思考后，我认为，会销是奇迹营销的第一利刃，绝对不能丢，但是奇迹营销要想走上更大的平台，绝不能仅仅依靠会销。而且会销只是奇迹营销进入了一个行业的入口而已，真正在某一行业具有地位和话语权的一定是品牌，B2C的品牌，未来一定是2C的世界。几乎所有的大师都会这样认为，一个企业的成功，高不过行业的天花板。奇迹营销要做更大量级的企业，仅仅依靠会销是不可能做到的，必须寻找其他跑道。冥冥中，我意识到下一个跑道会是化妆品。一方面，我未雨绸缪，不断地学习，升级自己的朋友圈；另一方面，深入市场，一遇到好的化妆品品牌，就花重金买下，逐渐成为化妆品市场的行家。

柳传志在出席“做一个创业的行者”的活动中，对国内创业者们提出了新的要求，他指出，要脚踏实地、认真学习那些对自身真正有用的知识。在遇到问题、挫折甚至失败后，要善于归纳总结，不在同一地方犯第二次错误。犹如水蒸气集聚到一定程度就自然会下雨一样，创业同样是一个积累的过程，需要机会获取、资源整合、团队合作和市场检验等过程。创业活动会遵循一定的内在规律，由此形成相应的创业实践模式和创业知识体系，对此进行理性分析和认知，即创业教育和创业学习。有人说，世界是一个圆，每个人都是一个圆心，教育是半径，半径越长，人拥有的世界就越广阔。同理，创业如同一个圆，创业者好比圆心，创业学习是有效加长创业半径的重要途径，有助于创业者更深入地理解和更有效地把握创业规律。

很多创业者在自己不熟悉的领域打开了一片新天地。在他们的身上，你可以发现，过去长期积累的经验并非是最重要的，甚至会妨碍发现新机会。而一个创业者最需要具备的素质是：快速学习的能力。

易到用车是中国第一家专业提供专乘约租车服务的电子商务网站。2016年6月21日易到用车举办发布会，易到用车创始人、CEO周航在发布会上宣布：易到日完成订单最新突破百万。有意思的是，易到用车的创始人周航此前并未从事过汽车相关产业工作。利用互联网技术对传统行业进行改造，最终成功的很多是没有传统行业经验的。

例子还有很多。

例如美团网，从2010年创立至今，到现在已经拥有数千人的线下团队，分布于全国数百个城市，与几十万个商家打交道。这是家通过互联网链接消费者和线下商家的公司，创始人王兴在创办美团网之前，从未涉足过餐饮、电影行业。之前，他做的都是纯粹的互联网公司，轻资产，团队特别小——只有十多人。

例如做唱吧的陈华，他在做这款软件的时候，不懂音乐，却做成了一款用户过亿的线上唱歌产品。现在，他还要涉足线下KTV领域。又如改变打车方式的滴滴打车创始人程维，以前是阿里巴巴的销售员，刚开始的时候不懂出租车行业。小米科技的创始人雷军也不是手机行业出身。

我和进入陌生领域的创业者接触后发现，他们过上一阵子，对行业的认识就会发生变化，无论是深度还是广度。这些创业者不断学习、吸收，更新自己的知识储备，调整自己的思维方式。

快速学习是必需的能力，创业者在高压中应对各种问题，没有足够的成长速度是必然会被淘汰的。对于那些进入新领域、雄心勃勃要改变世界的创业者来说，要颠覆这个行业，必须把这个行业摸透。再怎么使用新商业模式、新技术来颠覆，首先需要面对的是这个行业自有的商业逻辑，原来的成本结构是怎么组建的，资金流是怎么流动的，供应链是怎样的，等等。

柳传志也强调过持续学习对创业者的重要性。他认为对于创业者来说，最重要的一点就是怎么让自己去参加论坛，或者去看书，等等。能不能让自己融入进去是很重要的。因为他发现，在参加一些论坛的时候，有些创业者主要把参加一个什么活动，或者看了什么书作为谈资，见到谁了，跟谁照了相了，等等；并没有认真地去学自己要学的东西。那怎样让自己融入进去呢？比如在听创业者演讲时，把演讲者当时所处的创业环境和自己的创业环境做对比，比如演讲者的起步资金、所遇到的困难、边界条件、演讲者提供的方法论是否和自己想的一致，等等。柳传志提到，在联想的方法论里面有一条是“复盘”，就是做完一件事以后，成了、败了都要回过头来思考当初做这个事前设计的目的是什么，重新再演练一遍，分析对的原因是什么，错的原因是什么。反复复盘，个人的能力就会有很大的提高。

其实创业的过程就是与自己的内心做斗争的过程，寂寞、孤独会时常相伴，但那些学习能力强的创业者，最终都能在自己的内心建造一个精神王国，对抗创业征途中的孤独，形成自己的价值判断。

一个人不断学习的过程，就是让自己不断升值的过程。自己值钱之前，是你求别人；值钱之后，是别人求你。对于一个公司来说，也是如此。当你嗷嗷待哺，处于起步期时，需要自己去对接各种资源；当公司发展壮大后，投资者、其他公司看到了你的价值，各种资源会不请自来。

知行合一，追求极致

> 新企业家的标准是，有强大的逻辑系统、知识体系，有一颗利他的无私心，有知行合一、精进的行动力，更有责任心和担当。
>
> ——作者

明代著名政治家、哲学家王阳明的“阳明心学”有三大纲领——心即理、知行合一、致良知。这三大纲领对创业非常有启发。如果要创业，首先要有创业之心，要有创业的决心、信心和恒心；其次才是创业的实践、创业的方法、创业的逻辑。这个顺序不能反过来。如果没有创业之心，先去研究创业之理，即便把创业的成功案例完全复制一遍，也不可能成功。

马化腾有一句名言：“玩也是一种生产力。”在上大学时，马化腾痴迷于计算机程序，为学校 PC 维护乐此不疲。当时，中国第一波股市的浪潮袭击着深圳，也影响着马化腾。1993 年毕业前夕，马化腾设计了一个“股票分析系统”，很快一家公司看中了这个软件，对方给了 5 万元，这是马化腾的第一桶金。从此，马化腾明白了一个道理：好的技术可以转化为财富。当时的深圳，炒股几乎是一项全民“运动”。马化腾发现一种安装在计算机上的板卡，能通过网络实时显示股票走势，股民待在家里就能够看到股市的即时行情，而不再需要天天往证券公司跑了，这无疑是一个巨大的商机。马化腾就和几个朋友把市场上已有的各种股票板卡买来，一一拆解研究，很快就开发出了一种性能更强的股霸卡，一投放到深圳市场上就出现了断货的情况。股霸卡让马化腾的第一桶金更加丰盈，也奠定了他创业的原始积累，更培养了马化腾理性、务实的风格。

马化腾的例子告诉我们，开发软件的意义就在于实用，而不是程序员的“炫技”。回顾这段经历时，马化腾说道：许多软件技术人员往往对自己的智力非常自信，写软件只是互相攀比的一种方式，而我希望自己写出来的东西被更多的人应用，我也愿意扮演一个将技术推向市场的小角色。另外，个人兴趣与市场的需求相结合将产生巨大的生产力。这时的马化腾已经明白了兴趣转化为技术、技术转化为商机、商机转化为财富的过程和意义。而这，不就正体现了知行合一吗？

参加工作后，一款名为ICQ的聊天工具引起了马化腾的特别注意和兴趣。ICQ是以色列四位大学毕业生制作出来的一种互联网聊天工具，ICQ是“I Seek You”的谐音，意思是“我找你”，它可以让天南海北的人通过互联网实时进行对话沟通。这种软件被赋予一个新的类型名称：即时通信（简称IM）。令人意想不到的是，正是这个小软件，将为互联网行业带来一场巨大的变革。马化腾觉得ICQ很好，但没有中文版，用起来很不方便，于是他想，自己能否做个类似于ICQ的集寻呼、聊天、电子邮件于一身的聊天工具呢？说干就干，1999年2月，马化腾开发出了中文版ICQ——“网上中文寻呼机”，简称“OICQ”。马化腾他们预感到了即时通信的巨大前景，将其悄悄地挂在了线上，免费提供给互联网用户下载。一时间，大学生们纷纷涌向了下载 OICQ 的门户网站，OICQ 在大学校园里迅速走红。就连马化腾本人也没有料到，这个不被人看好的 OICQ 在不到 1 年的时间里就发展了 500 万用户。谁也没有想到，马化腾不经意间就打造了一个庞大的 QQ 帝国。《福布斯》指出，QQ 改变了中国人的交流方式。

应该说，类似于马化腾的“技术狂人”“技术潮人”与“技术痴迷者”不在少数。但是，不少“技术狂人”仅仅是痴迷、自恋于自己的技术本身，至于自己的技术能够为社会、为他人带来什么效果，他们毫不关心。为了彰显自己的技术功力，这些“技术痴迷者”会像那些武林高手一样争奇斗异，争相显示自己的绝活儿，为的就是超越他人、证明自己，有的甚至因此触犯了道德与法律底线。这违背了知行合一的原旨。

王阳明不仅是哲学家，同时还是教育家、政治家、军事家，精通儒家、道家、佛家。他能获得这么大的成功，离不开他知行合一的智慧。

知行合一，要求创业者先行动起来。王阳明从小就立志做圣人，他的父亲听说这件事之后，觉得他狂妄自大。但是王阳明从立定志向之后，就一直在行动的路上。他处处寻师访友，学习做圣人的法门，虽然屡试屡败，但是他一直在不停地尝试。对创业者来说，吃了梨后才知其是酸是甜，穿上鞋子后才知其是否合脚。只有先行动起来，把自己的想法真正去执行过后，才能发现有哪些问题。边行动边思考，才能不断前进。考虑一千次，不如去做一次。做，还有成功的机会；而不做，一点儿机会也没有。

在中国王朝的众多统治者中，我最佩服的就是康熙。他吸引我的地方并不是他的政治“武功”，而是他学无止境、知行合一的精神。康熙的一生勤奋好学、博览群书，对多个领域中都有研究，也常将学到的知识结合起来运用。某次，康熙所患疾病被西医治好了，由此他对西医产生了极大兴趣，在宫中设立了实验室，委派专人做研究，而且提倡用种痘的方法预防天花，减少天花发病率。在江南视察河工的时候，康熙利用从前涉猎的水力知识，对每项工程做出指示，甚至亲力亲为。一个日理万机的国家管理者尚且能够如此，一个企业的管理者更不能松懈，一定要懂得学以致用，在实践中不断检验真知。

知行合一，要求创业者循序渐进。《荀子·劝学》中说：“学恶乎始？恶乎终？曰：其数则始乎诵经，终乎读礼；其义则始乎为士，终乎为圣人。”史玉柱就曾提醒创业者，有了启动资金后，也不要激动得找不到北，觉得好像压抑在自己心里的一腔热血沸腾得就要爆炸了一样，而是仍要一步一个脚印，踏踏实实地做事。

我们应该如何理解“极致”这个词呢？瑞士制表商对手表质量的精益求精、对制造流程的一丝不苟，正是“极致精神”的最好体现。是否拥有追求极致的毅力，是拉大平庸者与卓越者差距的原因。我在公司其实是一个产品经理，同时我又是一个喜欢琢磨如何将事情做到极致的人。用现在流行的话来讲，我不是一个“差不多先生”，而是一个极其“变态”的挑剔者。我认为，在你的产品中，包含了你的气质和你曾经的故事。所以，做任何一款产品，我不修改100次以上、不改到鸡蛋里挑不出骨头的程度，基本上是不可能通过的。靡不有初，鲜克有终，创业者应该本着追求极致的信念和自己“死磕”，这样才能把那些虎头蛇尾、半途而废的人远远甩在身后。

创业，要有工匠精神

> 如果你愿意像里斯老人家一样，用一生去雕刻一件艺术品，你得到的不仅仅是金钱，更多的是尊重。
>
> ——作者

什么叫“工匠精神”？有人说：“工匠精神是指工匠对自己的产品精雕细琢，精益求精的精神理念。”很显然，它是一种理念。而在大众创业、万众创新的时代，很多人都喜欢以工匠自诩，以勉励自己脚踏实地、勇往直前，更为专注、谨慎、精益求精，这样在大众面前才显得更为独特和饱含情怀。

很多人说工匠精神的代表人物是英国航海钟发明者——约翰·哈里森。哈里森费时 40 余年，先后造出了五台航海钟，其中以 1759 年完工的“哈氏 4 号”最为突出，航行了 64 天后，比实际时间只慢了 5 秒，远比法案规定的最小误差（2 分钟）少，完美解决了航海经度定位问题。

奇迹营销成立的时候，我们做了一个名为“病毒式吸客”的模式。其中的一个环节是帮实体店解决进店率的问题。为了能够尽快在美容行业立足、发出自己的声音，当时我们的团队反复设计话术。可能因为一个关键词、一个句子，反反复复训练到凌晨两三点。白天在实体店讲完课后，晚上一定要复盘，思考流程是否有可改进的空间，图片放的时点对不对，讲演时的走位能否更舒服。我们不是盲目地追求客户多，而是要把事情做到极致。因为我们相信，靠这种做到极致的工匠精神，一定能把事情做成，会有越来越多的实体店请我们做方案、讲课。“病毒式吸客”模式一炮而红，在行业内迅速打开了市场，人们立刻知道了奇迹营销，我们开始有了自己的声音。在这之后，我们开始研究第二个模式——“自动提款机”，然后就彻底在美容行业火了。

不管是创造一番事业，还是创新一个领域，过程都是极其艰苦的，绝不像谋求一份工作那么轻松，更不是听几场演讲、喝几杯咖啡、看几本励志书，就能躺着发大财。对于每一位创业者来说，在创新创业的初始阶段，在打基础的关键时刻，就应该将工匠精神根植于内心，应该时刻秉持。

有一些人单纯地把匠人等同于“手艺人”，认为那不过是一群比较笨拙且不断重复某一工作的工人。但事实上，工匠精神有更深远的意义，更多的人愿意把工匠精神理解成一种脚踏实地、精益求精的工作态度。工匠不一定都选择创业这条路，但可以说，大多数创业成功的企业家身上都具有这种工匠精神。

古往今来，工匠精神一直都在改变着世界；热衷于技术与发明创造的工匠精神，是每个国家活力的源泉，中国的创新驱动发展也正呼唤工匠精神的回归。近年来，随着国家一系列支持“大众创业、万众创新”政策的出台，不少人走上了互联网创业的道路，诸如“众创空间”等创新创业平台都在蓬勃发展。创新创业这个词仿佛与工匠精神没有多大联系，甚至于，工匠精神还与创新精神有点儿相抵触。作为一个匠人，专注于自己手头上繁复、单调的工作，这和创新似乎有着不小的距离。

其实，创新就寓于这烦琐单调的工作之中，重复是创新的土壤，工匠精神的核心就是创新。意大利著名画家达·芬奇不就是在一次次重复画鸡蛋的过程中走向成功的吗？

工匠精神落在个人层面，就是认真精神、敬业精神；落在企业层面，就是企业家的精神。一方面，企业通过从产品创新到技术创新、市场创新、组织形式创新等全面创新中寻找新的商业机会，在获得创新红利之后，继续投入、促进创新，形成良性循环。另一方面，有了工匠的敬业精神，企业家才会有全身心地投入到企业中的不竭动力，才能够把创新当作自己的使命，才能使产品、企业拥有竞争力。因此企业只有有了工匠精神，才能在长期的竞争中获得成功。

对于创业者来说，选择创业本来就是九死一生——资源匮乏、资金短缺、渠道闭塞等问题摆在面前，唯一能够坚守的就是用心打磨产品，把产品和服务做到极致。这也是创业者能够在市场上生存下来的唯一砝码。

做正确的事，而非做容易做的事

> 做正确的事，而非做容易做的事。科学地做事，而非拍脑袋做事。
>
> ——作者

在《有效的主管》一书中，管理大师彼得·德鲁克指出，效率是

“以正确的方式做事”，效能是“做正确的事”，同时提高效率和效能自然是好事，然而，当效率与效能无法兼得的时候，应该首先着眼于提高效能，然后设法提高效率。也就是说，做正确的事更重要。

不过很多时候，做正确的事情往往都是有一定难度的。出于趋利避害的本能，我们的潜意识倾向于选择去做那些简单但无须花费太多的时间与精力的事情，而且这样做也能有所收获，尽管有时会违背我们的真实意愿，牺牲一些理想与追求。创业尤其如此，必定要比打工有难度：打工是沿着别人铺好的路往前走；而创业则是自己披荆斩棘开辟出一条新路。我们如果因为畏惧荆棘、坎坷、泥泞以及其他未知危险，便跟随别人的脚步走上平坦安全的道路，那么最后抵达的地方，恐怕只是将你淹没于人海中的闹市，而不是一览众山小的高峰。

真正在创业道路上获得成功、青史留名的人，都没有选择去做那些容易做的事情。埃隆·马斯克，一位极具冒险精神的创业家，当其他人在传统产业中随波逐流时，他的着眼点却是长期停滞不前的高科技领域——电动、航空、太阳能。这些行业具有更多的未来意义，也意味着具有更大的难度。即便面临重重阻力，埃隆·马斯克也没有退缩，他坚定地认为这些才是正确的事情。凭借着内心的力量，他成功创立或领导了在高科技领域占有一席之地的特斯拉、SpaceX（美国太空探索技术公司）、SolarCity（美国一家专门发展家用光伏发电项目的公司）三家企业。

这证明，难走的窄路，才能越走越宽。美团网的创始人王兴对此感受颇深。2010 年 3 月，美团网成立时，王兴做了正确的事——专注于本地白领阶层的生活消费服务。这种独辟蹊径的经营理念令美团网在短短几个月内就成为中国团购行业第一名。然而，行业的热浪总是来得太快，难免会被其灼伤。同类团购网站一度发展到5000多家，在激烈的竞争环境下，美团网不再是一枝独秀。2012年年初，大量团购网站裁员、关门，美团网陷入了生存危机。关键时刻，王兴再次做了正确的事——为团购后未去消费的消费者全额退款。这种“自断其臂”的做法虽然让美团网承担了巨大的资金风险，但美团网也因此获得了消费者的信任与支持，从恶性竞争的怪圈中脱离了出来，重新坐上了团购行业的第一把交椅。创业遭遇困阻是必然的，在每个生死节点上都坚持做正确的事情，这就是王兴的成功秘诀。

很多创业者其实把创业想得太简单了，认为每个投资都会成功，而且都是第一年投进去，第二年、第三年就可以上市，回报率高达十几倍、几十倍。实际上，这些都是错误的想法。成功的创业之路从来都不是容易的，是充满荆棘、陷阱丛生的。创业是非常难的一件事情，我们之所以经常看到成功的公司，比如上市公司或者世界500强，那是因为只有这些成功的公司才会被媒体报道，才会被别人传播，而大量不成功的公司早已经销声匿迹了。

做正确的事，而非做容易做的事，实际上还包含一层意思——科学地做事，而非拍脑袋做事。这个理念在奇迹营销已经根深蒂固了。就是凡事用数据、用案例来证明。比如针对市场促销活动执行层面的问题、经销商的反馈，开会讨论时不能简单地汇报，而是要至少提供两个以上的案例来证明。有的业务员说，我发现市面上有一个产品是我们最大的竞争对手。这仅仅是业务员突然间的思考吗？还是听到了其他人的抱怨或反馈？如果这件事情发生在奇迹营销，我们就会要求举例证明为什么说它是我们最大的竞争对手。奇迹营销组织一场一线销售人员的会议，对参会人员及规模绝不会简简单单地拍脑袋决定，而是会和部分一线销售人员一对一地聊。这个时候，就会发现更准确的需求，也可以对销售人员参与培训的积极性进行摸底。没有调查就没有发言权，没有数据就没有发言权。做决定不能简单地拍脑袋，而是要利用各种工具让决策更符合实际、更正确。

总之，创业是从零到一、从无到有，要把一个原来没有的公司建立起来，并且要让这个公司能够生存下去、发展下去，甚至能够成为行业里数一数二的，能够产生大量的销售额并赚取利润，这其实是非常难的一件事。创业是一项复杂的系统工程，你要面对的不仅仅是招人、用人、管理人、开除人等问题，你还必须面对研发、制造、销售、代理商、供应商……同时你也躲不开工商、税务、融资……创业路上等待你的将是无穷无尽的挑战，所有的路都可能是没有走过的路。即便是连续创业者，每次新的创业也都是一次全新的征程。设计得再好的商业模式也需要你随机应变，根据市场情况随时做出调整。一切都充满未知，创业比的是耐力、智慧和运气，这也正是创业的魅力之所在。如果想轻松容易地度过一生，那么创业不是你的选择。

敢于跟旧规则说不

想成为行业的领导者，就要跟行业旧游戏规则说不。领导者只开创，不跟随。这是我创办企业的基本原则。

——作者

时代总是处在变革之中的，如果我们因循守旧、墨守成规，就像是在秋天穿着夏天的衣服一样。按照老办法去应对新事物，那么必然会遭遇挫折。要实现变革，需要我们勇于挑战不再适用于新情况的旧规则；同理，在企业初创期（不同于企业的日常经营期），也需要我们摒弃早已被别人用烂了的旧规则，敢于做第一个吃螃蟹的“另类”。

以喜爱登山著称的万科集团创始人王石在中国企业家中可称为“另类”。他的许多超凡脱俗的行为和主张令人耳目一新。王石对创业家和企业家有过明晰的判断：创业家的一个重要的特征就是打破传统；而企业家却要在既定的游戏规则下，在一个有秩序的环境中工作。一个要打破秩序，一个要遵守现存秩序。在创业过程中，创业者的经历是丰富多彩的，而作为企业家，则要一板一眼、规规矩矩。创业者要改掉种种恶习，并在公司层面强调专业化，培养成熟的管理方法，逐渐弱化创业者的权威作用。创业家需要打破传统，需要胆量，比如敢于辞职，敢于自立门户。这些看似简单，但这些是做事的第一步，然后需要顶着巨大压力脚踏实地、执着地走下去，即使再枯燥，即使再难，也要坚持下去。

有时，握有一把好牌的选手可能无法最终获胜，而握有一把烂牌的选手可能是最后的赢家。为何？因为，烂牌选手要想赢，就必须打破游戏规则，而游戏规则一旦被打破，好牌选手的牌再好也可能毫无用处，反而容易输得很惨。我的一位创业朋友告诉我这样一个故事。他辛苦打拼多年，创办的公司也已经做到了他的那个行业里的第一名。我问他，你觉得第二名和第三名对你有威胁吗？他说，没有，他最担心的反而是刚进入这个行业里的小公司。我很纳闷，为何？他解释道，第二名和第三名和他掌握的资源差不多，打法也差不多，思路也差不多；但是仍然没有超过他，说明在相同的游戏规则下，他才是最好的玩家。然而反观那些刚进入这个行业的小公司，它们可能拥有非常聪明的年轻人，但是它们没有那么多的资源，这反倒逼着它们去寻找其他的资源、其他的打法，建立新的规则。它们虽然很可能失败，但是，在千军万马中，总可能有一两个能杀出来。而这样的公司一旦成长起来，就是巨无霸。从中可以看到，如果你创业时没有资源，不要去模仿大企业，而是应该先想想，游戏的规则是否有改变的可能。

优秀的创业者勇于改变旧规则，能精准地用新规则填补市场空白。以戴森公司的创始人詹姆斯·戴森爵士为例，1979 年前后，戴森注意到市场上的旧式真空吸尘器气孔容易堵塞，给消费者带来了极大的困扰。他认准这个商机，决心要解决这个技术难题。于是，从 1979 年到 1985 年，他经历了 5127 次开发失败后，终于发明出双气旋真空吸尘器。这款吸尘器以对手产品的三倍价格推向市场，却仍然在美国刮起了一股“戴森旋风”。在成立了自己的公司之后，他为员工打造大学校园式的工作环境，以促进创意互动，支持员工跨团队流动，以保持工作模式的灵活性，甚至让公司内包括非执行董事在内的所有员工在进公司的第一天组装真空吸尘器，让全员拥有一手经验。他终于将戴森打造成为对家用电器做出一系列革命性改造的传奇品牌。

奇虎360董事长周鸿祎在第十届网博会高峰论坛发表演讲时表示，中国市场需要颠覆式的创新，小公司及创业公司应该有向巨头挑战的勇气，且中国互联网应该支持这种破坏既有市场格局的行为。小公司或创业公司要得以发展，甚至打破大公司主导的市场格局，就必须创新。更具体地说，就是需要颠覆式创新和迫害式创新。创业公司要做起来，不能依靠大公司的游戏规则，必须靠新的商业模式，破坏掉大公司已有的格局，吸引用户。柯达是被谁破坏的？是被数码相机和能拍照的手机破坏的；诺基亚是被谁颠覆的？是被免费的安卓颠覆的。

很多创业者没有自己的观点，总是愿意等到某一想法成为主流之后，依附上去，愿意随大溜，更愿意做热门的事情。如果创业者有一个奇妙的想法，但是很小众，它往往不会被大多数人看好，很多人会很谨慎，不太支持少数派。创业者一定要做之前的巨头没有做过的事情，敢于跟旧规则说不。你创立的新规则可能是冷门的，至少在你做的时候是小众的。但是在互联网实践中，你会发现，很少有人能够真正坚持自己独立的看法。我曾经在一本书上看到，每个创业者都应该创新，每个创业者都应以自己的想法跟别人的不一样为荣，认为这才是自己的存在感。而我们的创业者，总是在融资的时候，很热衷地找对标产品，以这种方法来找到自己的存在感，这实际上是创立新规则的一个非常大的阻碍。

相信自己的力量

当一个人相信自己的时候，脸上绽放的笑容是人世间最美丽的。

——作者

创业者就像一位孤胆英雄，注定孤独艰辛，注定要自己一个人面对许多问题。是什么支撑着孤胆英雄？是资源吗？是能力吗？这些都只是其中的次要原因，不是关键原因。关键原因是信仰。信仰就是沙漠中的绿洲，是大海中的孤舟，是绝望中的一线生机。

坚持信仰的关键是始终相信自己，而不是相信别人。信仰是属于自己的，是自己给了自己的。

对于一个想要站起来的人来说，很多人都能帮他；但对于一个不愿意站起来的人来说，上帝都帮不了他。无论你遇到怎样的高人或是多么好的一个平台，如果你自己都不相信自己，再好的平台都没有意义。

奇迹营销的韦佳言是个舞台型人才，擅长公众演讲，只要一走上舞台，她的那份自信和坚定就能感染现场的每个人。一次，有一个很重要的会议，可是原本负责演讲的同事突然生变故，韦佳言临危受命。这个会议是奇迹营销历程中的一个节点，奇迹营销能否晋升到一个更高的起点，就看这场会议是否能够一炮打响；同时，对韦佳言而言，这个会议的内容也是她没有尝试过的领域，她面对的是全新的挑战。在会议前，韦佳言就反复暗示自己：你一定可以，只有你可以。在她准备演讲的过程中，这种相信自己的力量不断增强。最后，韦佳言不负众望，这场会议一炮打响，公司客户激增。

正如我常说的："宁可狂妄地相信自己，也不要自卑，只要我自信一点，我就比别人多50%的机会。"

相信是一种能力。相信包含两个层面。一是相信自己。相信自己能拥有不可思议的人生！二是相信别人。相信别人的能力，相信别人的人品。只有相信才能产生裂变。相信是机会，而不是陷阱。马云有一句名言：看不见，看不起，看不懂，来不及！电子商务诞生的时候，很多人犯了这个错误；现在新零售商诞生了，还是有人犯这个错误。所以在奇迹营销有一句座右铭：100%相信，无条件执行！普通人是先看到再相信，高人是先相信后看到！

我看到过很多创业团队，产品推出不到1个月，就修修改改，急着转型。可是它们没想到，自己孕育的产品，其实就像一个新生儿，很多时候需要循序渐进，还没学会爬，就期望会跑，是完全不切实际的。或是不到2个月，整个团队便在以接专案维生，完全抛弃了原先想做的事情了。

我常常在思考，是他们一开始太过乐观，有了错误的期待，还是产品问世后市场表现令人悲观，没过多久人们就打起了退堂鼓？我不晓得，只是觉得很可惜。不过，不管你遇到什么样的困难，唯一可以确信的是，只有相信自己一定能够把事情做好，好运气才会找上你。

俞敏洪也提醒道，创业者千万不要认为你把握了趋势，生于一个好时代，就能够成功了，真正成功的人大概是创业者中的1%～2%。但他同时强调，创业者要相信自己，但这种相信并非盲目自信。你对项目本身和项目的商业模式必须要有非常透彻的了解，并且要充分了解你所做的商业模式和其他同类模式的差别。他认为创业者要具备充分的运营能力。你不能光有一个想法。有的创业者只知道往前冲，有的创业者见钱眼开，有的创业者目光短浅，这样的创业者一定会失败。所以，要相信自己，分析自己，要分析出自己的弱点。怎么组建团队，带领团队往前走？商业模式怎么在充满竞争的社会当中占据优势地位？这是你必须反复考虑的问题。俞敏洪还打趣道，相信自己，也意味着就算你创业失败了，也不要随便否定自己。也许这个公司做不成，下一个依然在等着你。所以创业者，一定要有像追你喜欢的人一样的坚定不移的决心，直到追到手才罢休。

我的一位好朋友经常说的一句话就是“相信自己，好运气才会找到你”。他开玩笑说：“我冒着生命危险，跟老婆提出抵押房子借钱的事，并做了最坏的打算：顶多就是房子没了，全家得出去租房子，最坏状况大不了也就是如此而已，没想到我老婆什么都没说。”第二年开始，朋友的公司开始了很多创业团队都会遇到的难题：是要先吃面包，喂饱自己，还是要拥抱理想，坚持开发原先的产品。有一次，快要发工资的时候，会计告诉他，银行账户上没有钱了。他当时想：“怎么办，这是个大问题……其实坐着苦恼也没用，钱不会自己从天上掉下来，自己整天愁眉苦脸，成员也会担心，所以往坏处想是百弊无一利的。不如放宽心，继续努力跑业务。”就这样，他继续远程去拜访客户，机缘巧合地找到了一家大企业，花了很多时间跟该公司的专案经理开会，只希望有机会可以推介自己的产品，最后终于取得了对方的信任，打入了该公司的产品线中。这一切跟苦力无关，我想最主要的因为好朋友遇事积极、相信自己。

有些创业者能力很强，眼见也高，可就是不乐观，对待未来总显得惊慌失措；相反，有些创业者能力一般，但总是保持乐观，始终保持自信。在对比两者后我们会发现，前者在遇到瓶颈时很容易灰心丧气；可后者不会，他们就像横冲直撞的“傻瓜”。但他们真的“傻”吗？不是的，他们比谁都聪明。

忧郁的悲观者也许更适合去从事艺术事业，但绝对不适合创业。悲观可以激发灵感，但乐观才能激发斗志。在创业这条路上，斗志太重要了，没有斗志根本走不到最后。

作为一个历史的终结者、新时代的缔造者，乔布斯的创业过程并不是一帆风顺的，甚至在苹果公司成立并壮大后，既是元老又是功臣的乔布斯却被自己创立的公司给辞退了。然而，乔布斯并没有因此丧失斗志，他相信自己就算不在苹果公司工作，也照样可以发挥才能、创造价值，可以在更广阔的舞台上施展拳脚，获得更大的成功。1986 年，东山再起的乔布斯开设了 NeXT 计算机公司，同时涉足电影行业，制作出第一部 3D 立体电脑动画片《玩具总动员》，此后名声大振，身价暴涨逾 10 亿美元。而那时，失去了乔布斯的苹果公司却逐步衰弱，濒临绝境。1996 年 12 月 17 日，“苹果收购 NeXT，乔布斯重返苹果”的重大消息传遍了计算机界。乔布斯回归苹果公司之后，接二连三地取得成功，苹果公司这才重拾往日光辉。所以，我们不管在职业生涯中遇到了怎样的挫折，都不能因此一蹶不振，越是身处逆境，越要勇往直前。

永不止步，由弱变强

> 趋势总是从小到大，势能总是从弱到强，企业不是一天做大的，马云也不是一年形成的。
>
> ——作者

有人说，企业应该学兔子，而不要学乌龟。可是，相反的是，世界500强都是乌龟企业，都要练功。练内功，就是干乌龟的工作，而不是干兔子的工作。很多事都是因为着急出了问题。企业没有慢死的，只有快死的；企业没有饿死的，只有撑死的。创业者的精神就是从无到有、从小到大。现在讲大众创业、万众创新，就是要求差异化发展，就是要做别人没想到的，想到不敢做的，做了做不成的，做成了坚持不下去的。要做到这些就需要乌龟的不懈和胆略。乌龟下蛋时永远在同一个沙滩上，不远万里去产卵。卵孵化后，小乌龟们排除万难，游回大海。乌龟遵循这个规律，比兔子活得更长。

“成功根本没有秘诀可言，如果有的话，只有两个：第一个是坚持到底，永不言弃；第二个是当你想放弃时，回头看第一个秘诀，坚持到底，永不言弃。”丘吉尔的这句话非常有道理。特别是当我们从浅到深地学习、掌握某些知识或方法时，最容易出现的情况就是稍有挫折就轻言放弃。而那些同样白手起家、最终却获得成功的企业家，都做到了

“坚持到底，永不言弃”。

奇迹营销的很多员工都是从其他行业跨界过来的，比如李湘。他刚到奇迹营销时，完全是新手，既不懂店面运营，也没有商家资源，又没有做过行业培训，更没有办法为店家服务。怎么拓展客户、怎么把产品卖出去、怎么提升业绩，这些都需要一点点学起来。李湘坚持去门店调研，和店家面对面聊天，了解店家的痛点。就这样一家一家门店调研，慢慢找感觉、找状态。半年时间，李湘就对业务驾轻就熟了，完成了从新手到独当一面的骨干的蜕变。

我希望创业者在创业的早期一定要懂得让自己的心变得更加强大，先让自己在各个方面都能够优秀起来，然后不断提升自己的能力。只有你的翅膀硬了，你才能带着团队往前走，才有可能把你的创业团队和创业项目带向另一个高度。而且，你如果打算走创业这条路，不要来虚的，因为创业要有现金流，要解决社会问题，一定要求实。现在社会上的很多年轻人喜欢来虚的，但创业要求实，因为不求实就没有现金流，不求实就解决不了社会问题。解决不了社会问题，你的市场就不会变大，你的企业也不会逐步成长成伟大的企业。

安踏公司总裁丁志忠，初中刚毕业，就想去北京闯荡一番。当时他攥着1万元，走遍了小镇上的所有鞋厂，挑出600双他认为最好卖的鞋，独闯北京。他一头扎进一个鞋子大卖场——大康鞋城，在那里租了一个柜台，很快就卖光了那些鞋。但这个细心的年轻人并没有急于回家进货，而是开始统计什么样的人喜欢购买什么样的鞋。闲暇时，丁志忠跑到北京大商场的运动鞋柜台，去观察国际名牌耐克和阿迪达斯，心里暗自做着统计。一边是晋江丰富的货源，一边是宽广的销售渠道，再加上丁志忠的努力与精明，他的销售额越来越大。之后，带着4年赚下的20万元，丁志忠在晋江开厂。那时候，他的想法很明确：一定要把企业做大，把品牌打响。1999年，一场国内鞋业的广告大战和体育明星大战应运而生，丁志忠成为第一个吃螃蟹的人。160万元，“我选择，我喜欢”，孔令辉成为安踏历时两年的形象代言人；500万元，在中央电视台投放广告。结果随着孔令辉在奥运会上的出色表现和他极具个性的“我选择，我喜欢”，安踏迅速完成了品牌树立和传播，极大地拉动了市场的成长。从丁志忠的创业经历我们可以看出丁志忠永不满足、永不止步的强大内心。他年幼时“生活过得好点，拥有自己的摩托车”的梦想，推动着他走上孤身闯北京的道路，走上创业的道路，直至把安踏打造成中国名牌企业。一个人的心胸有多大，他的舞台就有多大。我们每个人所能达到的人生高度，无不始于一种内心的状态和不积跬步无以至千里的坚持。丁志忠自己也说：“无论做什么事情，都要有明确的目标，并勇往直前!”

成功不是一步登天，创业就得脚踏实地地做好每一项准备工作，一步一个脚印，从基础的事情做起，学好专业本领，培养创业能力，为自己的发展打下坚实的基础。就像建造房子一样，只有把基础打扎实了，发展才会迅速，才会把大楼盖得既牢固又高大，创业才能成功。

搜房控股董事长莫天全在广西高校演讲时谈到了自己的创业观。莫天全将创业及人生的感悟归结为一句话：从无到有，从小到大，从有到无。他说，我们每个人都是这么走过来的。20年前，我什么都没有，不成功，不能自立，我开始创业。除了一个概念，搜房网当时什么都没有，“从无到有”，这是我们的经营阶段。现在是第二阶段“从小到大”，如果把搜房网放到国际大公司当中来看，它是微不足道的。但是创业的最高境界是要做到“从有到无”，就是我们做出来的东西消失了。这包括两层含义：一层是如世界一流的公司，苹果也好，大的银行也好，到底是谁的，我们不知道，因为它们已经发展为全球公众持股公司了。如果搜房网发展到不知道是谁的公司的时候，我们就做到“从有到无”了。要实现“从有到无”，就要求我们奋斗几十年来积累经验和财富，最后我们把这些经验和财富全部回馈给社会。这时候我们就实现升华了。因此，如果我们经历了“从无到有”“从小到大”“从有到无”这三个阶段，我们的人生就圆满了。

那么，创业者要将企业从小做到大，应该怎样做呢？

一是先行。所谓的“先行”，就是你一定要比其他人提早做事情。对于一件事情，如果百分之六七十的人都认同，而且是高度认同，那么这件事情是绝对不可以再做了；但是如果有30%的人觉得值得去做，我们就要赶紧去做，千万不要等到大家都看明白了再做。我们所讲的先发优势，对于创业队伍和运营队伍来说都是非常重要的。

二是坚持创新。我们现在最大的挑战不是我们怎么计划，而是我们怎么管理变化、跟上世界的变化，我们要适应变化和管理变化，所以延伸出了“创新”。创新是指我们要永远专注于我们的脑袋，也就是我们的思维模式。如果我们不想变化，不去创新的话，我们可能很难迎接挑战。所以我们的思路要变，如果我们不变化，我们会被市场和社会淘汰。

三是专注。我们要把自己的心态放平。我们要专注才可以做好每一件事情。如果我们整天只是出点子而不做事的话，有可能会一事无成，所以我们要记住，我们在做事情的过程中一定要专注。

另外，创业者要永不言弃，遇到困难了，不要退缩，而是要千方百计地想办法，坚持下去。

离开了底线的聪明，带给你的除了伤害就是灾难

离开了底线的聪明，带给你的除了伤害就是灾难。

——作者

2016年9月，一篇关于某O2O洗衣平台的文章在网上引起了一场关于创业底线的大讨论。这篇文章中提到，该洗衣平台上线后，4天只接到一个订单。某个周四，创始人决定和他的团队在一所男生偏多的高校，剪断宿舍楼所有自助洗衣机的电源线。“4天在宿舍楼没法洗衣，通过这种方式，逼迫学生用一次平台服务。”创始人说道。这次“强制试用”让平台订单量持续增加，影响力也辐射至周边的5所高校，1天收到的最高订单数达1100份，首月盈利60万元。文章曝光后，众多网友参与讨论，谴责该洗衣平台为增加订单量，私自剪断学校宿舍洗衣房电线的行为，网络上的指责声不断。该洗衣平台之后称，团队未做过剪

断洗衣房电线的事，本次事件纯属商业炒作行为。

商业本身是有底线的，不能一切以商家利益为主，而去伤害用户。如果该平台的行为属实，那么它们的逻辑是先把用户的处境变坏，然后再为他们服务。这就像把洗澡的人的衣服偷走，然后再卖给他们衣服；或者先把人打伤，再卖给他们药。洗衣平台应该站在学生的角度考虑，分辨自己做的是不是一件正确的事。有一些创业者，打擦边球，但该平台这么公开和高调，认为自己是对的，这是更深层次的道德问题。一个人连对错都分不清楚，还能做什么事？从投资角度来说，如果其之前发生过比较大的道德事件，我一般不会选择去投资该公司。因为我没法控制，很难说它们会不会采取特殊手段把钱卷走。创业虽然残酷，但要守住底线，不作恶。让用户受益，是企业的责任。

说到底，能真正开拓出市场的一定都是因为解决了用户真实的痛点。当你需要剪断电源线才能获得第一笔大单子的时候，就证明这只是一个伪需求。而且，不管是事实，还是商业炒作，都对企业声誉造成了影响。这件事发生后，很多大学生表示，就算没有电，自己也不会使用这样的产品。如此一个创业企业，就算初期有了一部分市场，后期也会消失在茫茫的创业大军中。

扎克伯格被公认为 Facebook 的创始人，但这个社交网站的创意并非来自他，而是来自温克沃斯兄弟。话说，有一天，温克沃斯兄弟来和扎克伯格神侃，讲的就是 Facebook 的理念。温克沃斯兄弟离开后，扎克伯格立马着手编写代码。于是，扎克伯格比温克沃斯兄弟更早地将 Facebook 从概念变成产品。虽然很多人说扎克伯格的行动力值得赞赏，可这毕竟是“剽窃”。事后，温克沃斯兄弟曾经状告扎克伯格，美国法院也宣判温克沃斯兄弟胜诉，扎克伯格被迫支付数以亿计的赔偿。虽然扎克伯格在事业上成功了，但这件事已成为他的污点。

也许你只把这些当作创业野史来看，但是超越底线在互联网圈从来都不是个别的情况。要知道，有多少比他更恶劣、手上原罪更多的创业者们正拿着大笔投资人的钱在挥霍呢。他们更懂得如何诓骗、怎么将自己包装成那个你们眼中只是想要改变世界、让世界变得更美好，因此不惜一切代价的创业公司的CEO。别的创业公司，或许没有剪过电线，但是抄袭侵权、捏造数据、给竞争对手下绊子，这些“非常方法”，却实在是不少见。

“创业”这个名号并不高贵，并不能为创业者提供额外的怜悯和宽容。它既不是行卑劣之事的遮羞布，也不是把一切行为合理化的万能膏——它就和每一份工作一样，有自己的职业道德和行为底线。它要的，是创业者明白并坚守自己的职业道德和行为底线，而不是动不动就以创业为名，突破底线，破坏商业规则。

关于创业底线，很多知名人士都表达了自己的看法。线性资本创始合伙人王淮在朋友圈感慨道，早期基金从来不追求道德洁癖，有洁癖也不该创业或者不该来融资，但一定要有底线。你的历史会成为你自己不可抹杀的一部分，这应该是一个处在规则框架下面的竞争游戏。火山石资本创始合伙人章苏阳也表示，风险投资人必须是一个遵守商业底线或者遵守商业规则的人。知名商人冯仑说得没错：公司是个是非地，商场是个是非地，商人是个是非人，挣钱是个是非事，变革的年代是是非的年代，怎么样在这么多是非里面保持无是非，这就要求人有非常好、非常稳定的价值观。是非取决于心，很多是非是心不平产生的。新东方教育集团有限公司董事长俞敏洪也说，直到今天，这一行的准入门槛仍然非常低，开饭馆与开高科技公司没有高低贵贱之分。创业没有贵贱，但不代表没有原则，尤其是诚信的底线，绝不能突破。

在资本寒冬下，创业者的压力也可见一斑。在疯狂调整的过程中，剑走偏锋者或许就会做出有违商业道德的行为。学历造假、活跃用户数据造假、融资金额造假这些问题在创业圈屡见不鲜。我曾经听过一个故事，一位创业者在接受媒体采访时提到，其项目之所以拿到天使投资，是因为其黑了投资人的邮箱和微博等个人账号，于是获得了与投资人交流的机会，并最终拿到了投资。投资本来就是你情我愿的事情，被别人拒绝之后不考虑自身问题，反而黑别人的账号，这和求婚不成泼硫酸有什么区别？

我不否认，有很多创业者光凭一纸 BP（商业计划书）就拿到了天使投资。毕竟现阶段还属于创业黄金时代。但是公司的未来在哪里，投资人的利益如何保证，这是需要所有创业者摸着良心去想的问题。

把投资人当成你的朋友，在自己成功的同时，更要帮投资人赚钱，不要想着用一个自己都不相信的“完美”故事来忽悠投资人，投资人并不“傻”，等你签完 TS（投资意向书）时你就会发现：这些人可不简单。我给自己的小女儿起名叫黄知予，就是希望她明白，想成就一番事业，必须学会一种智慧：欲先取之，必先予之，不能通过践踏底线获取自己的利益。

第三部分 能力

第六章　管理团队是一门艺术

创业者首先要承认自己的不足

> 一个人可以成为英雄，一群人却可以改变世界。莎士比亚说，只要三个人的灵魂完全统一，就可以颠覆一个时代！
>
> ——作者

周鸿祎在提到选择创业者标准时说，首先创业者得承认自己还不是很牛。如果你已经是中国最棒的人了，那你早就成功了。我们每个人都有很多缺点，而且所处的行业一直在变化。所以创业者要反思自己有没有自我反省、自我学习、自我提高的能力，能不能听得进批评的话，能不能面对自己犯的错误，能不能修正自己。如果创业者特别固执，特别自负，自以为是，就算因为运气好取得一些成绩，但最终做不大。周鸿祎还提醒说，创业者要有开放的胸怀，要善于跟别人合作。合作精神非常重要，一个人很难成事，需要建立团队，需要与天使投资人合作。

雷军也告诫创业者，要承认自己的不足。他说这个世界上没有完美的人，你不可能将每件事情都做得很好，把最重要的某一两件事情做好就可以了。要承认别人的贡献，给别人机会，创业者一个人不可能把所有的事情都做好。所以小米只做三件事情，战略、用户交互和用户反馈。他只关心这三件事，别的事情能不管的一概不管。他觉得他把三件事做好就已经很了不起了。很多人创业时想选“梦之队”，但他认为团队齐心协力比“梦之队”更重要。三个臭皮匠顶一个诸葛亮。团队成员合作性、互补性好，劲儿都往一处使，不一定每个人都是天才，但是每个人都发挥最大能量。这样的团队要比“梦之队”更强大。雷军提醒，创业者尤其要有吃亏的精神，就是干活儿的时候比别人干得多，拿钱的时候比别人拿得少。在每一件事情上都吃亏，其实最后一定会赚得更多。因为所有人都愿意跟你合作，所有人都喜欢你，你的机会就比别人多，你赚钱的机会就比别人多，你成功的概率就比别人高。我以我的人生经验建议大家去试试吃亏。吃一次亏不要紧，连续吃几十次亏，最后你肯定赚。另外，创业者要记得拿放大镜看别人的优点，每一个人都会自觉或者不自觉地夸大自己的贡献，贬低他人的贡献和成绩。所以创业者要拿放大镜看别人的优点。不放大你可能觉得别人做得不好，没啥贡献。用放大镜看别人的优点的时候，你就会心想：我怎么跟这么优秀的人一起工作。这样你每天就很愉悦，正能量被激发，愉快度就会高很多。

我曾和多位民营企业家聊过时间管理这一话题。他们在选人招人上，常常花掉惊人的时间。反思一下，你真的足够重视团队建设吗？

雷军在做小米初期，将最大的精力用在招揽7位核心成员上了。周鸿祎曾经表示：大部分的成功在于找到真正有天分的人才。不是B级、C级人才，而是真正的A级人才。早些时候，不少投资人还习惯性地表达为“投项目就是投人”，后来逐渐明确地认为“投项目就是投团队”。几乎所有成功的创业团队，都有三五个核心成员作为绝对支撑。最近几年，逐渐流行分工更为明确的阐述，CEO懂战略，CTO（首席技术官）懂技术，COO（首席运营官）懂运营，等等。而雷军、周鸿祎、柳传志，乔布斯……这些牛人，都曾在不同场合阐述过核心班子的重要性。柳传志一直将“搭班子”放在首位，然后才是定战略、带团队。

所以，创业者创业时的首要任务是投入一切能投入的精力去网罗核心人才。这些人才不仅要互补，更要在意愿上达成共识。如果时机等不了，而且眼前的团队还凑合，那就边干边找。但前提是要快速完成“换血”，千万不要在核心班子的质量上自欺欺人。

我认为自己具有强烈的自省能力，知道自己的优势，并且知道如何寻找队友弥补我的短板，构建我的企业的护城河。我很擅长做管理和营销，之前在操盘一个鞋企时，就是利用我的管理能力，半年时间让这家鞋企由80多人，增长到300多人，人均产值翻1倍。

进入美容行业后，我经过研究，发现美容行业的发展历程和方向脱离不了几个模型。其中一种是美容院老板娘因为自己拥有一门独特的技术，开了一家几十平方米的店。刚开始是自己一个人的小作坊，慢慢地开始招2~3名员工，一个月能做几万元的业绩。慢慢地培养出6~10名员工，发展为中型店，然后就会形成一个转折点：有两条路径可以走。其中一条路径是继续走单店模式，面积扩大，床位增多，员工增多，项目增多。这就是常见的美容会所模型。美容会所要求的是服务细节、项目规划及对单个顾客的极致服务。大型会所很少有形成全国性连锁店的，最多是区域性连锁。

另一条路径是走连锁路线，即走中型连锁路线。连锁分为全国性连锁和区域性连锁。全国性连锁由直营和加盟两种形态构成。区域性连锁，基本是直营。连锁要求的是系统和流程，比如选址模型，比如开店模型，比如新店引流模型，比如新客成交模型，比如招聘模型，比如培训模型，比如晋升通道模型，比如供应链管理模型，比如财务和系统模型，等等。

我根据对美容行业的这些认知，发挥管理的优势，推出第一个店务模式“打造你的生钱机器”，并独创了一套非常简洁、可数据化的诊断和店务系统：晴雨表。这个模式，在一场品牌大会上一经宣讲，立刻获得一些大店和连锁店的青睐。一些连锁店甚至愿意花 60 万 ~ 100 万元的价格请我做顾问。我从中选择了一家，用了 1 年时间就让这个连锁店由以往的 3 家店扩张到 10 家店。

做顾问做多了，收费就可以很高。但是做顾问有一个非常大的弊端——难以复制。企业有两条成长路线：一条是价值成长路线，不断地提高价值，实现企业的盈利，讲师、咨询师、奢侈品行业就属于这种类型；另一条是规模成长路线。我问自己，我应该走哪条？最后选择了规模成长路线。在顾问公司，在咨询行业，老板是最大的讲师，老板是公司里讲课最厉害的，老板是最有知名度、是行程最多的讲师。我反其道而行之——不把自己定义为讲师或咨询师，而是把自己定义为企业家。我要缔造一个平台，让无背景、无经验、无资金的人，在我这个平台上实现三大目标：行业知名度提高、收入增加、地位提升。这就是我对自己管理能力的自信。

你需要一个出色的核心团队

> 企业团队分为三层：核心团队、管理团队、基层团队。要看一个企业的持续增长力，就得看核心团队对企业的生命共识、价值共识、梦想共识，看管理团队是否有以小我完成企业大我的执行力，看基层团队拼杀后的利益共识！
>
> ——作者

对于创业者来说，创业的第一步不是注册公司，而是搭建核心团队。核心团队，往往也是股东团队，不仅涉及公司创始期的核心执行人员，还牵涉公司的股权所有者，对于企业的成败有至关重要的作用。而且，很多投资人都把核心团队看作是否投资的关键要素，所以很多人说，核心团队的搭建，决定了企业的未来。

回家吃饭创始人唐万里曾经谈过对团队的理解。他认为可以这样定位：一群志同道合的伙伴，一起去从未到过的地方看最美丽的风景。一是志同道合。道不同不相为谋，要清楚招募的核心成员只是想尝试创业，还是真的想跟你一起做这件事。二是一起去从未到过的地方。从未到过的地方是你的愿景。你要讲清楚你要做什么事、解决什么问题。三是去看最美的风景。最美的风景就是你的使命，即你为何出发。如果关于这三件事情，你都没有想过，或者没有想清楚，那么创业与寻找伙伴都会是很难的事。理想主义者都更愿意追随那些有远大抱负与理想的创业团队，也只有这样的团队才有可能取得长期的成功与创造更大的社会价值，从而被时代接受与鼓励。

大家可能听过类似“团队成员之间性格要互补，能力要互补，资源要互补”的话，或者听过“刘关张团队”“西游记团队”的比喻。我想说的是，理想的团队很难遇到。“刘关张团队”强调领袖的魅力，强调团队成员的执行力；“西游记团队”强调团队成员能力的互补。如何招募到合适的人，从而建立理想的核心团队呢？

很多创业者非常重视应聘者的背景，重视在大公司的工作经历。但这样的人未必适合你的团队，他们只能在一定条件下工作，而不能在没有条件、需要创造条件时做出成果。所以我们要认真地看一下这些人，到底是见过打仗，还是打过仗，或是打过胜仗，这是三个不同的层次。一个真正打过胜仗的人，一定会告诉你他是怎么打的，打的逻辑是什么，背后的原因、方法论是什么，讲不出来的基本上都只是见过别人打仗。如果没有了解清楚，就将他们招聘进来，可能他们天天跟你讨论的是，老大，我们这里基础不行，我们的技术还没有那么强……最终你会发现，他们也许没开过飞机，只是见过飞机而已，你是找他们过来开飞机的，结果他们说你给我们一个键，没有那个自动化的键就很难工作。

核心创业团队的成员还要能够跟创业者拼命。前面讲过，创业非常艰苦，而且创业公司随时会在生死线上挣扎。创业不仅仅是很努力就够了，创业是需要拼命的。在招聘的时候，要清楚应聘者的真实想法。

我们发现也有一些应聘者，确实打过仗，做成过一些事情。但随后会发现他们开展起工作来很困难，他们会告诉你，老大，你现在给我们的这几个人都不怎么样。过了几个月以后，原有团队彻底被打散了，却没有找来替代的人。所以，核心团队成员带队伍的能力也要强。

既然对核心团队成员的要求这么高，那么找到合适的人绝对不是一件容易的事。有一位创业者跟我说，他 80% 的精力都用在了招人上。俞敏洪在创业初期也曾遇到了招人的困难。在一次公开分享课上，他讲到了当年招募核心团队成员的故事，对创业初期如何组建核心团队谈了自己的看法。从新东方最早的核心成员加盟过程，他分析表示，用利益吸引人才是很难的，而价值观和创业愿景，以及对彼此的尊重才是最有吸引力的。俞敏洪在创业初期，环顾周围的老师和工作人员，发现能够成为合作伙伴的几乎没有。所以他就到美国去找大学同学，刚开始同学们都不愿意回来。当时王强在贝尔实验室工作，年薪 8 万美元。王强问了一个问题："老俞，我现在的收入相当于 60 万元，回去了你能给我开 60 万元的工资吗？另外，就算你给我 60 万元，跟在美国赚的钱一样，我值得回去吗？"当时新东方 1 年的利润也就是 100 多万元，俞敏洪是真给不起。当时俞敏洪跟同学们说："如果你们回去，我绝对不雇用大家，我也没有资格，因为你们在大学时有的是我的班长，有的是我的团支部书记，实在不济的还睡在我上铺，是我的领导。中国的教育市场很大，我们一人做一块，依托在新东方下，凡是你们做出来的那一块，我一分钱不要，你们全拿走。你们不需要办学执照，启动资金我提供，房子我来帮你们租，付完老师工资、房租以后剩下的钱你们全拿走，我一分钱都不要。”等大家回来后，第一年只拿到 5 万元或 10 万元，到 2000 年，每个人都有几百万元的收入。所以大家回来后干得很好、很开心。

从俞敏洪的例子能看出，要想招揽到合适的人才，创业者自身的素质很重要：一是项目本身非常关键，所谓“无粮不聚兵”，好的人才一定是趋向好的项目的；二是老板的品格，包括人品和格局很重要，要让团队成员看到希望。

综合新东方早期的创业经历，我觉得一个早期的创业团队，至少要符合以下标准：

一是团队成员“三观”相近，意见易于统一，执行力强。创业初期的决策效率有时候远比决策质量重要。即便一个决策是错误的，也要执行，及时发现失败，快速回头。创业的最大成本是时间，而不是金钱。

二是团队成员要大度。创业初期，核心团队基本是“过劳模”状态，所谓创业维艰，如果团队成员斤斤计较，会造成很大的内耗。如果大家都能大度一些，不计较，就可以集中精力解决问题。

三是团队成员要专业。企业初创期，管理比较简单，规模较小，灵活一点儿当然是可以的，但是一旦和竞争对手正式 PK（比赛），没有运筹帷幄、排兵布阵的专业方法，是绝无取胜的可能的。

用文化来管理团队

> 看完《杀戮与文化》，你就会知道文化才是一个组织的基因。当一个个体的基因与组织的基因不匹配时，可能可以短时间形成利益共同体，却永远不能升华到组织共同体。
>
> ——作者

几十年前，刚上任的海尔厂长张瑞敏挥舞手中的铁锤，砸向公司生产的劣质冰箱，这是在建立追求卓越的文化。

十几年前，当阿里巴巴还在居民楼里办公时，马云就对着手下的“十八罗汉”滔滔不绝地发表演说，这是在用宏大的企业愿景、价值观凝聚人心。

几年前，随着小米的异军突起，其所推崇的“平等”“扁平”“用户导向”，也是在建立企业文化。

这样的案例在成功的企业中比比皆是。这些企业的成功也在告诉创业者们，那些优秀的企业家都是从一开始就注重企业文化建设的。

口服事业部 CEO 陆彩玉认为，带领团队时应该更注重企业文化与企业精神的打造，员工的大多数问题都是心态问题和思想问题。当她的下属抱怨市场不好做、加班太辛苦时，陆彩玉就会用企业文化加以启发。当下属觉得该用的方法都用过了，可是就是达不到目标，想要放弃时，陆彩玉就会用企业文化激励员工，帮助他们更快地从困境中勇敢地走出来。

伟大的公司无不把企业文化建设放在重要的位置上。作为苹果公司的联合创始人和首席执行官，乔布斯对这家公司企业文化的形成发挥了重要作用。可以说，乔布斯将他强硬的个人性格和独特的魅力渗透到了苹果公司文化的内涵中，成为苹果公司的主流思想。在苹果公司看来，主导市场才是最重要的事。也正是因为这一点，苹果公司不是把自己定位于满足消费者的需求，而是主动告诉消费者他们真正要的是什么，挖掘并引领消费者的真实需求。这和很多厂商或是商家利用老方式做市场调研、消极地等待消费者的信息反馈是不同的。苹果公司的文化鼓励努力工作，强调个人成就。这种企业文化使得苹果公司开发出令人赞不绝口的产品。员工们坚信，苹果公司的动力来自他们，管理层的角色是为他们创造能够激发他们创造力的、最佳的工作环境。在招聘新员工时，苹果公司也倾向于雇用那些有思想、懂得自我激励的人。在乔布斯的领导下，苹果公司在成立之初就形成了充满活力和创造力的企业文化。

创业企业都要经历由小到大的发展过程。刚开始时找几个志同道合的伙伴，大家一起吃苦、一起拼搏可以；但是，当企业发展壮大时，人员增长、业务难度增加等都会带来文化的稀释，而且这些往往都是在极短的时间内发生的，这时 CEO 很难再像过去那样通过个人以身作则影响团队的每个人。

现在，很多创业企业在招聘时都会说类似于“老板好”“零食无限供应”的话。但在我看来，这不能算是企业文化，仅仅算是企业的福利，或者说只能算是企业文化在员工福利上的表现。作为一个创始人，如果你把这些当成企业文化，那么是很危险的。

一位创业朋友对我说，一些微小的因素都会为公司文化的建设带来很大的影响。每天，他们的团队都要在一起共进午餐，而当他们共进午餐时，不会聊与工作相关的话题。因此，午餐时光就成为促进团队成员关系融洽的重要桥梁。这样的午餐时光可以让团队里的新人快速融入集体。彼此愉悦地交流，可以提振士气，打造一个有凝聚力的团队。这样简单的分享时间，就可以让团队成员明白，彼此之间不分什么资历、职位等。这样的交流除了鼓励员工彼此建立友情外，也会促进日常工作的透明度。公司定期每两周开例会，团队成员坐在一起，分享自己这两周来的工作。这会帮助团队成员了解他们为公司的发展做出的贡献。他们把这一理念拓展到办公环境上。他们的办公室是开放式的，因此每个人都可以看到其他人正埋头工作。一个更开放、易于交流的办公室可以促进员工彼此的交流、协作。

管理的本质就是激发潜能

> 管理的本质就是激发和释放每一个人的善意，把人性固有的潜能激发出来。
>
> ——作者

对于许多创业公司来说，CEO 都倾向于保持“小而美”的管理方式。随着公司人数的逐渐增加，如何保持内部的充分沟通、工作环节的简明扼要，以及如何调动员工积极性，便成了一个值得探讨和注意的问题。

人的潜能是可以被激发出来的。王睿知的成长经历很好地证明了这一点。在进入奇迹营销之前，她丝毫没有美妆业经验，连一些常见术语都不懂。但我认为她有成为超级讲师的潜力，所以一直在寻找能激发她的机会。当时，我们有位业务员签下了整个江西省最大的代理商，进入了筹备招商会的阶段，但原计划定好的讲师突然得了急病，于是我就让王睿知试一试。从没有讲过课的王睿知对此产生了各种担心，因为这场招商会对公司来说太重要了，现场的经销商也多，如果做不好，可能会影响全公司一年的收入。结果可想而知，课还没讲完，台下的经销商就走了一半，业务员已经谈好的经销商也要退单。当王睿知忐忑不安地回到公司时，我跟她说："没关系，王睿知，我准备在你身上投300万元来打造你，现在只投了100万元，还剩200万元，我会继续投。"王睿知听完，眼泪哗啦啦地流了下来。在接下来的工作中，她倍加努力，甚至达到了忘我的境地，终于她的潜能被彻底激发了出来。

我的一位创业者朋友给我讲过这样一件事情。他手下有两个销售团队：销售一组和销售二组。销售一组的员工个人能力都不差，单兵作战的基本能力都很强，尤其是销售经理，是整个营销部门的销售冠军。但是每次绩效考核时，一组总是落后于二组。这种情况持续了三四个月后，这位创业者朋友就此进行了调研和考察。

经过深层次对比和综合分析，他很快就发现了症结，销售一组团队效益不佳，问题出在管理和激励上。销售二组成员个人能力并不比一组的强，而且销售经理业务经验也不多，甚至经理在销售二组团队中出单量也不是最高的。但销售二组的气氛非常和谐。销售二组的经理很聪明，团队成员中任何一个人有了进步或者好的表现，他总是及时在团队中表扬，最迟不会拖过第二天的早会；有人犯了错误时，在团队会议上，他会提出来，以告诫其他成员不要再犯类似的错误，但不会在会上批评犯错误的那个人。但是在和那个人单独在一起的时候，他可能会把那个人狠狠批评一顿，错误严重时也许会把他骂个狗血淋头，然后帮助他找出原因，绝不在人前让他下不了台。在每个月月初的时候，他会拿出团队绩效奖金的一小部分和团队成员一起聚餐。聚餐时，每个人提出自己当月的绩效目标，然后团队成员根据每个人的具体情况进行讨论，适当加以调整。在这个过程中，他从来没有给团队成员强加任务指标。

当有个人的业绩连续两个月不理想的时候，他会拿出自己的一个有较大成交把握的单子和那个人一起做，在做的过程中对其业务技巧加以指导。最重要的是，有成交单，对该成员的信心提振有很大帮助，激发其斗志。对于团队绩效奖金，他从来都是拿出大部分在整个团队成员之间平分，用其中的一小部分激励先进，剩下的留作他们每个月的聚餐费用。每次有大单成交时，他们都会在团队会议上分析成功的经验；当有单子失掉时，他们同样会进行深度剖析，找出原因。每个月聚餐时，他会对业绩好的同事说，不要骄傲，也许马上就会有人超过你。同样，他也会对排名靠后的成员提出激励。这样一来，排名靠前的有了压力和紧迫感，不想被后面的超过，排名靠后的有了动力，知道经理会给他们提供帮助，会尽最大的努力去做。进行成员考核时，他会严格按照公司的制度进行。所以，他的团队成员始终斗志昂扬，能力都能得到超常发挥。

初创团队没有钱，没有很大的物质回报，大家跟你这么拼命，是因为绝大部分人都是有梦想和愿景的，否则就不会和你一起吃苦受累。作为创业者，要学会保护大家的激情。

一是要注意发挥团队成员的特长。要记得评估所有团队成员，并改组团队，以求获得更好的成功机会。不要仅仅因为某个人在某个岗位上已经工作了很长时间，就不去改变他的工作。只要你认为他能够在其他的岗位上做出更多的贡献，就应该进行调整。员工可能不喜欢这样的变动，所以你还需要花较多的时间去努力说服他们，这样的变动是为了促使他们个人和公司同时实现最佳利益。有些团队成员可能并不了解他们的强项是什么，对此，你可以引导他们发现。

二是要在最佳时机选用最佳人选。当你有很好的机会推动公司发展时，你要认真思考，谁是领头羊的最佳人选。除了挑选有能力胜任岗位的人选或对工作有热情的人选外，你还需要关注那些有成功经验的人选。有时候良机只有一次，所以，你应该在最佳时机选用最佳人选。

打造一支狼性团队

> 管理的核心就是激发团队中每个成员的潜能，完成“1 + 1 = 11”的潜能叠加。判断一个组织的价值，就是要看团队成员的潜能激发程度，即是让羊变成了狼，还是让狼变成了羊！
>
> ——作者

创业是一场长跑比赛，要求团队长期保持创业激情和狼性。团队小的时候，创始团队成员之间耳濡目染；团队大了，就必须靠制度和体系保持狼性。否则长期高强度运作，创业公司很容易“未老先衰”。

曾经有一个创业者举了这样一个例子：一个比较不错的CEO，对团队成员非常好，大家都愿意跟随这个老板，但公司没有获得成果。那这个公司对于社会来说，是毁灭价值而不是创造价值。那个CEO所谓的保全团队、爱护团队也是假的，那是“妇人之仁而已”。

马云曾经与史玉柱讨论过一个问题：究竟是“兔子”对公司危害大，还是坏人对公司危害大？马云的结论是：“兔子”对公司的危害更大。坏人有坏人的行为表现，大家有了提防，坏人造不成太大的危害，或者危害持久不了。“兔子”人缘好，讨大家喜欢，但不出业绩；“兔子”的繁殖能力强，会形成“兔子窝”，霸占着岗位、资源和机会。如果一个公司的大量核心岗位被“兔子”霸占，形成了“兔子窝”文化，就会失去战斗力，失去市场机会。史玉柱听进去了，回去就开始在巨人集团里“赶兔子”，强制执行末位淘汰制度，每个季度搞一次，直到团队有了“狼味”。

狼文化宗师、华为的任正非说得更直接：在华为，我们不需要员工感恩，如果有员工觉得要感恩公司了，那一定是公司给他的东西多过了他所贡献的。

强烈的危机意识使任正非早期的管理理念中略带“血腥”。他认为，做企业就需要狼的精神。因为狼有让自己活下去的三大特性：一是敏锐的嗅觉；二是不屈不挠、奋不顾身的进攻精神；三是群体奋斗的意识。这种企业文化使华为不仅在中国获得成功，在国际化初期也一度令跨国巨头寝食难安。

华为以严明的纪律著称。有一次，华为在深圳体育馆召开一个6000人参加的大会，要求保持会场安静和整洁。大会历时4小时，没有响一次手机铃声。散会后，会场的地上没有留下一片垃圾。

在创业初期，华为管理的军事化色彩异常突出。据说，每个员工的桌子底下都放有一张垫子，就像部队的行军床，供员工午休和晚上加班时睡觉用。这种做法后来被华为人称作“垫子文化”。

狼的一个特征就是凶狠。狼一旦出击，不仅要目标“毙命”，而且会在最短的时间内，力争获得最大的战果。这种富有攻击性、贪婪、执着的精神反映的就是为了争取生存而不顾一切的心态。他们不会因为KPI（关键绩效指标）而对执行有任何的保留，不会因为超出了职责范围而苦恼，更不会因为前方困难重重而放缓前进的步伐。

独狼难以生存，群狼却不怕猛虎。在竞争日益激烈的行业，团队精神的威力能起到决定性作用。当今互联网时代“门派”林立，更像是一个充满杀机的江湖，只有资本已经没有任何优势了。在这群雄逐鹿的江湖中要想跑起来，脱颖而出，不能仅靠某一两个英雄。只有建立一套良好的运作机制，抛弃故步自封的本位主义思想，打造一支价值观和目标高度统一、配合默契、执行力强的优质团队，方可立于不败之地！

综上所述，要培养一支狼性团队，打造狼性文化，作为创业公司，需要为潜在的“狼”们创造一个激发大家主人翁意识的土壤环境，制定良好的游戏规则，避免出现劣币驱逐良币的现象。而作为创始人，需要放弃自己“打工者”的心态，以主人翁的意识来要求自己，更加积极主动地投入到自己的事业当中，努力创造最大的价值。

激发团队凝聚力

> 管理的本质是沟通，沟通的本质是心在一起。
>
> ——作者

我接触过很多创业公司，也有朋友自己创业。创业公司普遍都会存在的一个问题就是人员流动。这种现象往往不会出现在天使轮，也不会出现在D轮，更多地出现在企业逐步进入正轨、正高速发展的过程中，更多地出现在A轮、B轮融资的时候。其实这不是没有缘由的。当公司在种子期、天使轮的初期阶段时，早期团队因友谊、梦想、交情而惺惺相惜，“揭竿而起”共谋大事；而当企业发展加快时，必然会有大量新员工涌入，此时，创业公司往往把核心放在了业务拓展上，却忽视了团队的凝聚力。

真格基金合伙人徐小平在一次创业论坛上提到，伟大的企业都有灵魂，能够面对挑战。企业的灵魂就是企业的核心价值观，最终会滋生企业的核心竞争力，形成强大的凝聚力。团队凝聚力可以帮助团队建立轻松、愉快、团结、奋进的工作环境，促进成员高产，自然也可以更容易地留住员工。有的企业在早期根本无暇顾及企业文化、人文关怀建设，全凭创始人的个人魅力；中期却忙于业务错过了企业文化建设的黄金期。因此很多企业在最需要稳定输出战斗力的时候却面临招人困难、人才流失严重的境况。究其原因，还是企业文化不够深厚，缺少团队凝聚力。

有的创业公司称，我们做了文化建设工作，各种娱乐设施齐全，带着员工吃喝玩乐。但我要说的是，这些都是表面工程。在现如今各种“心灵鸡汤”频出的年代，拥有娱乐设施、电玩、外出旅游等“人文关怀”确实能够在一定程度上增强员工对公司的好感，但这不是真正的文化建设。人，往往具有多面性，企业要思考，在给予这些关怀时是否真正地关心每个员工内心的感受，是否真正地深入了解每个人工作、生活的难处。因为，如果你不真正地用心去了解，单单凭借吃喝娱乐、表面的团建工作，员工永远不会和你讲真心话，你也就无法了解员工的真正想法。

那么如何真正地增强创业公司的团队凝聚力呢？

首先，创业公司的规模一般较小，核心成员自身的影响力偏大。想要提高创业公司的团队凝聚力，首先就要挑选具有领导力的人。创始人靠着个人魅力吸引了一小伙人追随自己。同样地，这批人如果具有很好的领导、管理与人心洞察力，就能够吸引手下人持续产出，部门的凝聚力就会形成，部门的凝聚力会汇聚成公司的凝聚力，从而形成一个真正有战斗力的队伍。创始人的思想不偏离，中层领导的思想亦不偏离，那么基层员工也就能保持更强的向心力。

在我看来，奇迹营销的高艳珍是一个天生有领导力的人。为了业绩，别的公司的管理者或许会给下属制订详细的 KPI，严苛地管理团队，但是高艳珍没有这么做。她认为，现在的员工不喜欢被别人管，所以应该用榜样的力量来激励他们。其他人不敢做的、做不成的，她都敢为天下先，不仅第一个冲上去做，而且能把事情完成得很漂亮。这个时候再给下属制订目标，下属就会在榜样力量的影响下，生出强烈的信心，发挥出更大的潜力来。

其次，要保证创业团队有共同的愿景。所有成员必须清楚了解团队的目标。建立一个目标是团队的首要任务。建立团队目标后，可以据此挑选合适的员工。同时，员工可以在这一愿景下更好地合作，共同奋进。

最后，要注重团队成员的学习、发展和培训。可以开展职业发展研讨会，邀请演讲者来公司进行演讲，给予大家深入学习的机会。除此以外，还可以举办商务礼仪行为研讨会、国际礼仪、表现技巧等方面的学习活动。鼓励成员积极参与。

开放的沟通也必不可少。创业者可以创建一些非正式的活动来促进团队成员的相互了解与交流。在这种聚会中，大家以朋友的身份而不是同事的身份来交流，往往更容易了解对方的全面情况。此外，也可以一起参加志愿者活动、公益活动等。参与此类活动除了可以加强员工之间的沟通了解外，更可以提高员工士气、激励团队。

创业者还要多倾听员工的意见。人们喜欢他人倾听自己，所以应该确保团队成员有机会获得反馈。给你的员工空间和时间来表达建设性的建议与意见。这会使得员工感到被重视，同时可以更加了解工作的内容，从而改进工作。随着公司规模的扩大，员工的流动性会更高。创造反馈机会可以更好地留住员工。反馈的好方法是基于网络的匿名调查。员工可以诚实作答，不用担心上司的反应并且可以提供真实、有价值的信息。

联想控股董事长柳传志也为创业者提供了一些建议。他把企业中的人才比作珍珠，他说，创始人是穿起珍珠的那根线。人才考虑的是如何把自己打磨成“大珍珠”，光彩熠熠；创业者思考的则是如何收集更多的“珍珠”，打造一支具有战斗力的创业团队，而他自己则蜕变成穿起“珍珠”的“红线”。对于“珍珠”被穿起后如何不易散落的方法，柳传志谈了三点：

一是注意保持公司文化的一致性。随着公司的不断扩大，人员增多，保持公司文化的一致性越发困难，同时也更加重要。任何企业都有自己的文化底蕴，任何新员工，可以用自己的思想去优化这一文化，却不能颠覆它，新员工应该如老员工一般，从心底认同企业的核心价值观。

二是不要过分看重股权激励。创始人认为，将股权分给团队员工能培养他们的主人翁意识，最大限度地激发团队的积极性。但有些时候，这种方法未必是最佳的。创业早期，员工对企业的未来信心不足，股权发挥不了应有的激励作用；反过来，还可能对创始人形成严重掣肘。

三是谨慎招募职业经理人。应了解招募的职业经理人管理上的优缺点是什么，职业经理人也应该了解企业团队的优缺点是什么，能否帮助团队更上一层楼。

要建立一个凝聚力强的团队，就要求创业者和员工打造“三个共同体”，即利益共同体、事业共同体和情感共同体。利益共同体就是把企业的利润和员工的钱包联系在一起；事业共同体就是要考虑员工的职业成就感；情感共同体就是和员工要像家人一样共同帮助、共同成长。

第七章　无营销，不创业

在场景中发现消费者需求

> 营销的本质就是发现消费者需求，并满足消费者需求的过程。
>
> ——作者

何谓营销？营销就是发现消费者需求，把需求商品化，并把商品销售出去获得回报的整个过程。场景是诞生需求的关键因素。消费者的需求常常是场景诱发的，处于不同场景下的消费者，需求不同。消费者会在某一特定场景下，产生特定的需求。在产品分类日趋细化的时代，创业者更应潜心研究产品受众的需求，做好营销。

例如，女人宣言的场景营销：消费者想让自己变得更漂亮。变漂亮的路径，一是买大牌化妆品，二是去美容院。但是，对于大多数人而言，去美容院没时间，大品牌化妆品太贵，而且能解决深层肌肤问题的价格不菲。所以一般情况下，消费者只能解决表皮问题。基于以上冲突，女人宣言——DIY 美容院应运而生，让女人随时随地变美丽。

在传统互联网时代，以阿里巴巴、百度和腾讯为代表的互联网巨头，凭借满足“人与商品”“人与信息”和“人与人”三类需求，不仅赢得了用户的青睐，同时也成就了自己的商业模式，成为在 PC 互联网时代真正的互联网巨头。随着移动互联网的发展，“人与场景”的商业模式开始越来越多地出现，基于移动互联网的巨头也开始窥视这方面所蕴藏的巨大商机。

《场景革命》作者吴声说：“场景赋予产品以意义。”离开了产品所使用的场景，产品本身将失去存在的价值。当你深度挖掘客户需求时，你需要回答一个问题：客户在什么场景下，因为什么理由使用你的产品。

不少业内人士认为，移动互联网和人们的日常生活联系得越发紧密，人们的衣食住行需求都将更多地借助移动互联网来实现。对于移动互联网平台而言，“场景经济”最大的吸引力在于除了能够产生众多的交集外，从消费环节中寻找不同的场景也能够挖掘出巨大的商机。58 同城推出的基于移动互联网的专业二手交易平台转转，就盯上了用户在处理闲置物品时的需求场景。据转转方面介绍，自平台建立以来，转转使得约 95% 的原本在线下完成的二手交易，有保障、高效率地在线上进行，从而激发原本因信任感缺失而被压抑的二手交易需求。

我有一位朋友，每天晚上 10 点都会打开手机，播放一档讲故事的音频节目，然后轻轻地拍着儿子，哄他睡觉。这档音频节目号称中国第一讲故事品牌。但是这不是他关心的，他关心的是每天晚上如何更好地将宝宝哄睡。这就是他个人的场景化需求。而这档音频节目不仅满足了他的场景化需求，还满足了400万个订阅者的场景化需求，所以很快打开了市场。

一位女士想买一支口红，但是不知道哪个牌子合适，就会产生一个需求——搜索一堆关于口红的品牌，看那些用过各种品牌的达人的体验报告。而一个创业公司开发的软件，早已经把这些知识分类好了，你想看什么就去相应的专栏查看，有图有文。每篇体验报告还有相应的产品名字和价格。所以第一个很重要的场景就是，揣摩好了女性用户对网红的依赖心理。她们是明星、达人，说某支口红颜色正，非常凸显气质，以达人的个人品牌效应降低了用户的心理防备。这位女士看了体验报告后，就可以在这个软件上下单购买产品。如果软件中没有体验报告中推荐的那款怎么办？她可以在相应的体验报告下留言以便获得建议。

“场景”无处不在，特定的时间、地点和人物存在特定的场景关系，延伸到商业领域便会引发不同的消费市场。客户的需求是多变的，因为客户处于不同的场景中，并不停切换场景。影响需求的外部因素包括时间、天气、所处的位置、周围环境等；而内部因素则多与客户本身的情感相关，比如开心、伤心、失望、悲观等。那么如何进行需求场景分析呢？我提供以下几个关键词：

一是目的。在任何一个场景中，客户都有一个目的。在自拍的时候，很多女生希望拍出来的照片更好看，最好还能把脸上的斑点去掉，于是美颜相机、美图手机等诞生了。为什么美图秀秀能够获得4亿多用户？就是因为精准地分析了客户在自拍时潜在的目的：想要拍得更好看一些。再比如“怕上火，喝王老吉”“累了渴了喝红牛”，王老吉和红牛这两家企业都用简短有力的宣传语直击客户的痛点和目的，触发客户的需求。

二是人物。不同的人物是客户所处场景的核心部分。客户与不同的人物接触，会有不同的需求。见多年不见的好友，真想喝两杯；见面试官，必须穿正装，展现精气神；见女朋友，期待一个浪漫的环境。有一些创业公司开发出哄女朋友神器、哄丈母娘神器、哄孩子神器、哄老婆神器，这些正是针对不同的对象和场景而开发的相关产品。

三是地点。你可以分析目标客户经常所处的场景，了解他们在这个场景中的潜在需求是什么，有哪些需求未被满足。比如登山旅游场景，登山旅游必备套装就是登山人群在登山场景中所必备的产品。

四是时间。时间是场景组成的重要因素。你可以分析客户所处的时间段，在这个时间段里，客户会有哪些需求。比如益达的“饭后嚼两粒”，客户在饭后有使口气清新、保健牙齿的需求。比如，工作日上午10点多是人体最需要补充营养的时候，上班族会有相应的零食需求。白加黑感冒药的宣传语：白天吃白片，不瞌睡，晚上吃黑片，睡得香。白加黑通过这样的描述表达客户不同的需求。白天不瞌睡，晚上睡得香，这是感冒人群在不同时间场景下的不同需求。还有一些特定的时间节点，如节日、纪念日、求婚时刻、金榜题名时等。

社群营销是商业利益的重新分配

> 商业说白了就是一群人对另一群人的占有，或者说得学术一些，就是一群人对另一群人商业价值的重塑，而其关键连接点是社群营销。社群营销就是商业利益的重新分配。
>
> ——作者

关于社群营销，《罗辑思维》应该是最早的定义者和实践者，尤其是在4个月内两次招募付费会员，入账会员费近千万元的故事，让人们对社群商业的力量惊叹不已。罗振宇更把互联网社群称为未来商业的核心动力。

《罗辑思维》的实质是基于互联网的社群。在2012年12月21日，媒体人申音携手资深电视媒体人罗振宇做了一个日后被很多人称道的节目：《罗辑思维》。这个节目以“有种、有趣、有料”的口号，“死磕自己，愉悦大家”的态度，做了一个互联网的读书求知社群。

形成社群的基础是什么？克莱·舍基在《未来是湿的：无组织的组织力量》中做了解释。一是要有共同的目标，或者是纲领，通俗地说叫调性，人群通过纲领、调性已经做了有效的区隔，基本上能做到让对的人在一起。二是要有高效的协同工具。这也是为什么在PC时代社群比较难建立的原因，微信、微博这些实时工具，使得协同变得非常容易。

三是有一致的行动。前两个实现了，一致行动将变得比较容易，而一致行动也反过来促进社群的稳固。罗振宇说：《罗辑思维》不是粉丝经济。粉丝经济的本质是你一个人在台上，一堆人在台下觉得你很厉害，都很崇拜你，然后买你的账。我一开始就告诉大家，罗胖是一个书童，仅是帮你做知识的搬运工。社群经济的本质是大家聚在一起，互相之间每个人都觉得“是我厉害”。

在《罗辑思维》的初期节目设置里，生产以“80后”“90后”为受众的主题内容，并创造了一系列广为传播的新词，比如“U盘化生存”“人格魅力体”“互联网思维”等。这些词语具有鲜明的时代特征，引起一场思维革新的社群运动不足为奇。也因为自身的影响力，《罗辑思维》迅速地建立了以“80后”“90后”群体为主受众的粉丝社群。然后，为了巩固已经四处开花的社群，罗振宇开始了各地的社群活动和群体性演讲，迅速形成了线上品牌向线下品牌的迁移。这个时候，罗振宇利用社群做了什么呢？变现。在2013年8月9日推出了“史上最无理”的限量付费会员制，当天收入达160万元。

《罗辑思维》的这次成功，看似匪夷所思，其实从核心来讲，是因为选对了用户，找到了玩法。“80后”“90后”是互联网用户的主力军，读书求知完全符合当下年轻人的生存需求，节目依托自身的知识加工能力，在传达观点和正能量的基础上促进了社群的裂变式发展。节目以移动互联网新式社交为出发点，集合认知相同的人群，在助人的同时也完成了第一次品牌背书。

罗振宇充分发挥了社群的组织能力，开启了会员玩乐、传播、互助的商业形态，在足够多的受众中，《罗辑思维》凭借越来越多的活动成了互联网思维的焦点。

当社群进展到这一步时，相信不少人已经非常知足了。但是罗振宇的社群仍在进化、迭代。之后，《罗辑思维》引入“脱不花”开启了它的第三次社群转型，顺势开启了互联网众筹的第一次儿童节。线上销售“罗辑实验”的图书包，线下进行全国巡讲，这一系列具备鲜明商业化特征的企业经济行为逐一开启。

如何做好社群营销呢？

一是要有极致的产品。罗振宇在一次演讲中提道：“事实上，《罗辑思维》的视频节目从一方面来讲的确是我们的根基，我的精力60%都在此。因为这是我们的名片，很多人因为这个节目加入了我们。但是一旦他们进来了，这个根基就变得不重要了。”企业如何建立自己的社群？必须要有好的产品，并用更好的方式传播出去。罗振宇要不是他的有种、有趣、有料，不可能有这么大的影响力；星巴克要不是把咖啡做到极致，就无法谈粉丝经济。现在已经不是“酒香不怕巷子深”的时代了，不要把传播当成投机取巧。好的传播能力，已经成为这个时代创业的必备能力。移动互联网正带来另外一个新的巨大的机会，我们把它称为“社交红利时代”。在这个时代，谁懂得社交、懂得传播，谁就能掌握商业的先机。移动互联网时代商业的一个很重要的特性是“市场即对话”，就是我们必须“说人话”。

二是要找准人群。罗振宇曾经说过：我们通过后台找到用户忠诚度相对比较高的达人，给他们组一个线下群。仅仅靠这些人的商业发动机就足够了，一个个小商品就能发展起来。我们现在对非规模化的手艺人都是免费提供服务，如果是规模化的商业行为我们会收取佣金。我们的社群本身是一个百变的商业模型。注意，粉丝多并不意味着有了社群。无粉丝不品牌，这句话没错，但反过来说，哪一个品牌没有自己的粉丝呢？只有当你的客户变成用户，用户变成粉丝，粉丝变成朋友的时候，才算得上有了社群。用社群的方法挑对的人，然后“期待”产生奇妙的结果。

三是要学会运营社群。社群的价值在于运营，一群人聚集起来之后可能是乌合之众，也可能做成大事，最重要的是要明确知道把这群人聚起来要干什么，比如做基金、做风投，或者去做互联网金融。不能光把人聚到一块儿就完了，是打麻将还是下象棋，取决于决策者。在运营过程中要记得打造魅力人格体。不管是个人还是一个公众号，都会在不知不觉中形成自己的态度和主张，这些态度和主张就是魅力人格体，粉丝因为认同这一魅力人格体才会聚集在一起。

不是市场没有需求，而是缺乏好故事

> 不是市场没有需求，而是你没有创造新的故事。不是市场没有增长，而是你在用存量讲老掉牙的故事。
>
> ——作者

现在是互联网的时代、自媒体的时代。微博、微信、淘宝、各种 App……这些互联网时代的产品，时时刻刻充斥着我们的生活。那么，创业公司如何利用这些讲好故事呢？

我们来看几个成功的例子吧。

海尔只讲了一个砸冰箱的故事，就让人们认识了海尔，相信了海尔产品的品质。

可口可乐的配方故事让人们永远记得它的独特味道。

褚橙讲了一个褚时健老当益壮的故事，就将其他千千万万的橙子甩在千里之外。

王石讲了一个登山的故事，就为万科节省了上亿元的广告费。

有什么比讲一个精彩的故事更具吸引力、更加引人入胜的呢？

迪士尼创造出米老鼠与唐老鸭的卡通形象，其中的米老鼠其实就是老鼠。一般来说，人们对老鼠的印象不好。可是米老鼠不一样，虽然它也是老鼠，但它可以给人们带来快乐，从而获得了大多数人的喜爱——米老鼠因此成了品牌。而这个变的过程就是讲故事的过程。几乎每一个成功的品牌背后都有一个精彩的故事。成功的品牌，一般都擅长“讲故事”，它们懂得如何把品牌的历史、内涵、精神向消费者娓娓道来，并在潜移默化中完成品牌理念的灌输。

互联网的出现，带来了一个为自己的企业讲故事的最便利的时代，而且是不得不讲的时代。因此社交平台上的广告不再是“广告”，而是“故事”。因为在关系链中存续的各类推荐、评论和转发，将时时刻刻影响着社交化的网民行为。在精准和有效性的要求下，传统枯燥的广告已经被淡化了，故事化的营销信息将自由穿梭在需要它们的社交用户的信息纽带中。用户关系链的融合、网络媒体的社会化重构，将激发出广告主进行社会化营销的热情。

那么，如何讲好一个营销故事呢?

首先，故事要传达出品牌的个性。人们购买某个商品，不仅是因为其使用价值，更重要的是其带来的心理上的满足感，而这些就源自品牌个性。故事与品牌的独特个性具有较高的相关度，而且故事的核心情节描述符合品牌形象定位，才能保证故事的影响力延伸至品牌。

比如依云矿泉水被描绘成来自阿尔卑斯山的雪水，每一滴依云水历经 15 年的时间，以每小时几厘米的速度渗透进位于深山的自然含水层，经过天然过滤和冰川砂层的矿化而成，天然的冰川赋予了它独特的滋味和丰富的矿物质。

其次，故事情节要有吸引力。情节跌宕起伏才能在消费者大脑中留下印记。平淡的故事既无法获得消费者青睐，更谈不上实现情感共鸣，只能被消费者屏蔽掉或者成为过眼云烟。这就是为什么很多偶像剧更倾向于王子和灰姑娘而不是王子和公主的剧情，因为王子和灰姑娘身份背景悬殊，有冲突才有吸引力。

再次，品牌故事要及时更新。同一个故事重复次数太多，消费者会产生审美疲劳。任何好的品牌内涵不是通过一个品牌故事就能够成功塑造的，而是需要通过多层级、多次数的保持和维护。

最后，故事的传播形式也很重要。想要将品牌故事一直讲下去，除了与时俱进、不断更新内容外，为追求满意的传播效果，企业还应该结合产品特性、品牌理念及特定的故事内容，寻找最佳的表现形式。

多花心思做内容营销

世上本无优势与劣势之分，只是营销手法的高低不同。高手能把劣势转换为优势。蚂蚁虽小，力量却大！

——作者

很多公司已经通过内容营销获益匪浅。不管是个人，还是创业公司，或者是大公司，内容营销都是性价比最好的营销方式之一。特别是对创业公司来说，因为没有钱，就得比别人花更多的时间来弥补资金上的短板。内容营销需要的只是用心，每天或每周抽出一些时间，不管是以写文章的形式，还是以回复客户常见问题的形式来生产内容。当时间投入到一定的量之后，自然就能看到效果。我曾经总结过一个内容营销的涟漪效应：你往池塘里扔一块石子，这块石子虽然很小，但会激起一圈一圈的涟漪，持续地抵达池塘的每一个角落。内容营销就是用最小的成本达到最好的传播效果。更重要的是，涟漪可能会传播到你平时看不到的地方，那里可能藏着一只“黑天鹅”，让你得到意想不到的收获。

随着互联网的快速发展，消费者面临着海量的大数据，内容营销也已经被做到了极致。越来越多的大数据使得消费者迷茫，更令品牌策划人迷茫，到底什么样的内容是消费者喜欢的？如何在海量的数据中跳出来呢？如何通过品牌营销的内容来吸引消费者的眼球呢？

2012 年，宝洁首次成为奥运官方合作伙伴，宝洁借助奥运会找到了一个消费者关注的契机，那就是每一个伟大的运动员背后都有一位伟大的母亲，关注奥运冠军的母亲，为母亲喝彩，这与宝洁提供最优质的产品、帮助母亲为家人改变并提高生活质量的品牌核心一致。消费者通过宝洁的《奥运父母汇》这样一个在伦敦设置的 24 小时不间断演播的视频节目，看到刚刚获得金牌的选手收获了节目组设计的意外惊喜：自己的妈妈从中国带来亲手栽种的番茄，当他咬下番茄的一刹那，眼泪也掉了下来。相信正在看节目的消费者同样被打动了。这就是一个强调感谢母亲的日化品牌宝洁与一个国际级运动赛事的良好结合。

当前，视频内容非常热，因此创业企业可以利用视频内容，以搜索为导向，以用户体验为核心，聚拢不同用户的同类需求，提供对应的视频化答案，也就是提供对应的解决方案，从而将视频内容转化为品牌的营销机会，开启一条视频内容营销的新思路。比如某位消费者的头发容易分叉，她会在网上搜索头发分叉怎么办，这个时候消费者心中并没有解决方案，也不会去搜索某个品牌或产品，但是对于某些品牌来说，她就是潜在的消费者。企业可以通过数据挖掘和分析，归纳出一些消费者常见的问题，为消费者提供清晰的消费决策，让消费者为某个品牌心甘情愿地买单。比如，爱奇艺为飞利浦制作了逾百期的视频教程，涵盖美食、美发、母婴、个人护理、美容等多个领域，飞利浦产品的优势得以生动地呈现。观看视频后，对产品有兴趣的消费者可随即进入飞利浦的电子商务旗舰店中完成购买。

传统营销是把事先策划好的创意、广告等，通过很多很多媒体发布出去。但是内容营销不一样，内容营销是用自己的内容吸引用户，让他们到我们的自有平台上来。这样的话，久而久之，我们就树立了一个行业垂直的门户网站，这样消费者就能找到我们的产品信息。

内容营销和传统营销最大的区别在于：内容营销是从解决问题的实际角度出发，而不是从推销产品的角度出发，内容营销的目的是为潜在消费者提供切实的解决问题的方案，而不是推销产品。这套方案可能包含了培训、产品信息、服务。这里的关键点在于，给用户提供解决方案，而不是产品信息。很多人觉得解决方案就是把自己的产品打包，放到自说自话的方案里面，再把一成不变的方案卖给潜在的受众。这种方法就是传统的、强推的营销方式。

做内容营销一定要考虑给用户带来什么利益，很直接、很简洁地提出来。其实，现在整个传播环境已经饱和，信息过剩，如果我们不能在9秒之内抓住用户的注意力，就很可能会失去他们。

请记住丘吉尔的这句话：假如你有一个重要的观点要坚持，那就不要将其搞得过于错综复杂或是卖弄技巧。而应该像使用打桩机那样，先打一下，再打一下，最后用更大的力量打第三下。

用野心打造品牌

> 品牌的打造之路，不仅血腥，还暗藏着创业者的野心。
>
> ——作者

一般情况下，公司在刚刚起步时，创业者们的首要任务就是做品牌宣传，让更多的人关注企业、关注自己的品牌。但相较于已经成熟的企业，创业公司在资金、人力、客户源等基础资源上都还不充足，在推广的过程中也极容易出现后劲不足的现象。但是，不推广就是在等死，不想将前期的努力白费掉，就要学会抗住压力。想要快速地将自己的品牌宣传出去，需要考虑的还有很多。对创业公司来说，打造品牌离不开以下路径：

一是细化品类，定位要准。

定位，好像是老生常谈，但是在跟很多创业者谈论的时候，大家虽然都知道“定位”这个词，但是没有搞清楚“定位”的意思。好的定位是什么？好的定位就像一个飞镖在一百米之外直中靶心，讲求的是精准，而且好的定位强调的是差异性。

做好产品定位的核心，就是用一段极简的陈述，或用一个或两个句子明确定义出你的产品所能解决的问题，以及为什么你的解决方案是令人信服的。一般来说，好的品牌定位不仅能用一句话告诉你它是做什么的，还能让你在知道它的定位之后，对它产生一些精神层面的想象。

比如小咖秀定位为一款自带搞笑功能的视频拍摄应用，唱吧是一款免费的社交 K 歌手机应用。易企秀是一款 H5（一系列制作网页互动效果的技术集合）页面制作工具，定位于“企业移动营销入口”，用户也可以用它制作展示场景，也就是 H5 页面，然后在微信朋友圈传播。

宝马以自己的操控性、驾驭感著称，强调的是开起来比较舒服。奔驰给人的感觉是内饰精良、乘坐时舒适。沃尔沃强调的是安全性。

二是产品要有一个好名字。

好的名字，在传播上会帮助你很多。名字起得好，有差异化，能让人记住它，并且能把好的诉求表达出来。如找钢网、找塑料网，这些名字不时尚，缺乏想象力，但是传播成本很低。据说，易企秀在创意初成的时候，内部因为到底叫“易企秀”还是“一起秀”有过一段时间的争论。从技术应用和产品特性上来说，显然后者更浅显易懂，但是易企秀的市场定位是面向企业的营销。或许在产品上线初期，用户类别还比较模糊，比如仅仅是一个设计师、一个文案策划员，或是一个从事招聘的小姑娘。但是随着时间的推移和海量用户的陡增，用户最终会成为一个大类，那就是企业。那么，“企”出现在这家公司的品牌名里就相当贴切了。

三是要讲一个好故事。

对于自己的产品、商品或商业模式，要学会包装，学会升级。你的团队，你的初心，你为什么要做这个东西，你做的东西能给大家带来多大程度的便利，这些都是你可以讲的故事。所有的故事都讲究起承转合，讲究吸引人。回忆一下，好的故事，好的段子，往往在起承转合、在吸引人方面做得非常到位，所以才会成为流传的故事。大家会觉得，自己的项目平常得一塌糊涂，个人也很平常，但是你一定有你不平常或和其他人不一样的东西。比如你为什么做这件事情，或者这件事情是你一个人做起来的，以及你的这个项目做起来之后跟其他项目比有什么优势。这些都是你可以去包装的东西。比如在网络上很火的《伟大的安妮》《滚蛋吧！肿瘤君》，这些东西有一个共同点，那就是在平凡中寻找不平凡。

四是要时不时地创造一些热点。

需要时不时地制造小的高潮，比如微信、微博是摩拜单车的主要宣传与推广平台。这两大平台不定时地给注册用户发送大量关于摩拜单车的图文、优惠活动、红包。从早期的免费限时骑行，再到与欧莱雅等知名企业进行跨行业合作，都充分体现了摩拜单车的营销与推广魅力。

五是要学会打造知名度。

创业公司钱少，资源少，能用来传播的故事少。本来就少，有时还需要把 10 万元的包装费分配到 20 个月去用，那可能每个月都会给大家一种低投入没产出的印象。因为在品牌推广这件事情上，一定是高投入高产出、低投入没产出。所以创业公司要集中有限的资源使有限的故事在短时间内爆发，提高命中率。比如小红书，它在品牌创建和案例打造上可以说做得非常好。首先，小红书集中一段时间做了很多线下的推广，比如电梯间。而且小红书在传播时使用了非常醒目的 Logo（商标），帮消费者加深印象。

了解了这些理论和案例后，我们来聊聊奇迹营销的定位和品牌。我们为什么选择“奇迹”这两个字？这就是我当时对公司的定位。我梳理了很多大品牌、大公司的取名法则，发现取名有几个维度：有从客户出发的，有从自己出发的，有从竞争对手出发的。很多创始人特别喜欢把自己的名字命名为公司名字，外有香奈儿、迪奥等国际知名品牌，内有叶茂中等营销机构。我最后将公司命名为奇迹，是因为每一个人都希望创造自己的奇迹。

奇迹营销成立于 2011 年 7 月 7 日。选这一天，是为了提醒自己，创业犹如一场战争，九死一生，甚至出师未捷身先死，有时甚至明知不可为而为之。奇迹公司的 Logo 是两个 7，意思是山高人为峰，就是要把不可能变成可能。

有了奋斗目标，更重要的是看如何去做，是否敢于把它当成一辈子的事业。我于大庭广众之下，一次又一次地强调，丝滑水可以做一辈子，我希望把它当成一辈子的事业。实际上我也是这么做的。有人问，丝滑水定价这么低，并且赠送一场地推，怎么赚钱啊？我对他们说，正因为赚不到什么钱，所以很多人不屑去做，这就是机会，给了我们沉淀和成长的时间。哪怕一瓶丝滑水我只赚 2 元，只要形成规模经济，就可以去跟供应商交涉。这就是典型的小米爆款思维。更重要的是，这解决了品牌的信任问题，我们做利润这么低的产品，就是要走长久路线。身体力行地向世人证明，我们是把女人宣言当成一辈子的事业来做的。

女人宣言的第一份广告是在《瑞丽》杂志上投放的。一般公司的做法都是先选一期、一页试试，但是我一举拿到《瑞丽》的封底，并且一签就是一年。在《瑞丽》杂志上投放广告后，品牌有了强有力的背书。2017 年 9 月，我们又花重金在中国中央电视台 1 套、5 套、9 套轮番做广告，请了著名影视明星作为形象代言人。因此运营商在开发或零售时，都有了权威的背书，对提高销售额起到了非常大的作用。

爆品思维：极致的产品，尖叫的价格

> 没人相信凭一瓶水能成功。让相信自己的人变得更成功，让怀疑者变得更失败。
>
> ——作者

在过往的营销里，企业都遵循这样一条路径：大而全的产品路线。

在品牌基础上做无限延伸。先做一个单品，再做一个系列，然后扩大为多个系列，最后形成中高低价位的各个品类。产品线很长，不聚焦，消费者不清楚定位。很多人提出，为什么奇迹营销只推这么一款水，市场这么大，多出单品，东边不亮西边亮啊。这是常规的做法。多出单品，多出品牌，产品多了，市场上总会有人喜欢，总能捞到“鱼”。

做水品类是因为水是最基础的护肤需求，不管什么皮肤，永恒不变的就是需要补水。而美容行业有个特点，主卖套盒，单装的水基本卖不动。水这个单品，1 年都卖不了几百瓶。而当时女人宣言的加盟方案是 1000 瓶水，所以很多店家的第一反应就是 1000 瓶水，要卖到什么时候呀！市场上有那么多水，凭什么要买女人宣言这款水，它的独特性是什么？市场的痛点又在哪里呢？

我通过调研发现，在消费升级的大趋势下，一些中产阶级，已经由在乎脸变成在乎全身了，她们最希望的是保养全身的肌肤。微信朋友圈里流行这样一句话：女人一生最贵的衣服就是一身的肌肤。既不能烫，又不能染，并且还是唯一的。很多女明星，都为她们的全身肌肤买了保险。这是市场的呼吁。市场的呼吁到底能转换成多少商业机会呢？我跳出美容行业，跳出线上线下新零售的圈子，从整个化妆品行业来看环境的变化，最后决定做丝滑水。

为什么取名叫丝滑水？从营销的角度来讲，这叫开创一个新品类，就像之前讲的，品牌时代已结束，品类时代已来临。纵观国内外所有的品牌，关于水品类，无论是低端、中端还是高端类产品，美白、补水、抗衰老，都已经是非常成熟和陈旧的概念了。前面已经有无数座大山了，你再怎么努力也无济于事。这印证了那句话，与其更好，不如不同。京东为什么能异军突起？就是因为开创了一个新品类，“电商+物流”的新品类，形成了技术壁垒。那奇迹营销应该选什么品呢？冥思苦想，我最后选了丝滑水这个品类。

丝滑水在宣传上击中了消费者的痛点：女人为什么要好好护肤？因为旧了不能换，皱了不能烫，人的一生中，衣服可以有几千套，钞票可以有千百万张，而好肌肤，一辈子只有一身。作为女人，一定要明白的道理是：一双没有生命的皮鞋都需要擦鞋油，更何况每天都用来示人的肌肤。一身的好肌肤，是愉悦自己的。真正的美，不是用奢侈的化妆品堆出来的，而是要把青春写在脸上，写在身上。女人对拥有好肌肤充满渴望，但人们只把视线聚焦在了脸上，我第一次把视线从脸上延伸到身上。至此，女人宣言完成了品类思维的升级。

无管理，不营销

> 人的一生有三大管理：管理别人对你的认知，管理自己的底线，管理自己的价值。
>
> ——作者

奇迹营销刚成立时，当时的整个零售界分为两类：大终端和大品牌。什么叫大终端？什么叫大品牌？大终端的特点是因销而销；大品牌的特点是不销而销。

美容行业属于大终端的业态。大终端依靠人去说服顾客、去销售产品。顾客对品牌没有概念，顾客接触、了解一个品牌，需要美容师去推荐。一个品牌的销量增长依靠美容师的销售，所以美容行业有一句话叫作“最后一公里的争夺”。

美容行业，起步于20世纪80年代，发展于20世纪90年代。到了2011年，已经有20多年的历史了。行业经历了1.0的产品时代、2.0的销售时代、3.0的模式时代，最后经过大洗牌，进入4.0的品牌时代。行业里仅剩下行业巨头和标杆。这是我们对美容行业的判断。在1.0的产品时代，美容产品非常紧缺，经过10多年的发展，进入销售时代。当时的业态有几种——终端活动、店务管理、明星会等。

经过研究可以发现，所有行业都遵循“二八定律”，即行业里有20%的大型店，80%的中小型店。我们在公司成立之初，定位为做80%的中小型店的生意。但是这么多中小型店，一家一家地谈，太慢了。时间是最大的成本。产品有了，接下来的任务就是找客户。客户在谁手上？在不相冲突的第三方机构手上。谁手上拥有最多的客户资源，并且愿意将资源分享？培训机构、杂志社就是这样的机构。那怎么与它们合作呢？常规做法是互换资源，更深入的就是一起开个会。我反其道而行之——不开会则已，一开会就是月月开；并且是战略合作，一合作就是1年，并且具有排他性。跟奇迹营销进行战略合作后，就绝不允许跟其他顾问公司或会销公司合作。就这样，强制性地垄断了客户资源，其他的顾问公司想从中拦截都不可能了。

排他性战略合作了好几家第三方机构，美容行业几乎80%的品牌商都聚集在奇迹营销的会场。用互联网语言讲就是，有了流量，就有了一切。于是，一些赞助商找到我们，要赞助奇迹营销的会议。我咨询了一些品牌商，在奇迹营销会议上加入一些这样的赞助，输入一些干货，大家同不同意，有没有这方面的需求。品牌商表示没问题，不要太粗暴、太强硬地推销即可。就这样，我付给第三方机构的费用就有人买单了，又一次0成本撬动了整个行业，使奇迹营销在行业内再一次大放异彩。要知道，这是美容行业有史以来唯一一个获客却不亏钱的模式。在以往的美容行业的获客成本中，一个顾客的成本大约是200元。这个模式既兼顾了店家的获客，又兼顾了店家的业绩，同时还保障了品牌商和运营商的出货，实现了多方共赢。

经过小试牛刀，奇迹营销在美容行业迅速有了知名度。但是很快，奇迹营销就面临了一个非常大的挑战。奇迹营销的模式策划能力和招商宣讲能力都很强，但是终端落地业绩能力偏弱。怎么办？我们推出了一系列模式——“最强收现”“微弹营销”“芝麻开门”“双轮获客”……业绩能力逐渐提升上去了。

但这个时候，业务团队的管理难题来了。作为一个营销人员，毫无疑问，要有狼性，才能攻无不克，战无不胜。但是，几乎所有公司的营销人员都有一个特点，那就是产生内讧、相互抢客户。为了规避这点，我给营销部灌输了一个理念——狼性；设计了一套狼性薪酬制度、狼性教育和PK文化；重新设计了业务流程和客服流程……

就像管理学大师德鲁克说的，组织有什么作用？企业这个组织在社会层面，扮演的是经济增长的器官这个角色。在内承担的是让平凡的人能够做出不平凡的事，发挥成员的长处，让他们的弱点变得无关紧要，同时也能赚到钱。就像进入奇迹营销的平凡的人一样，在奇迹营销这个舞台上实现自己的梦想。

后 记

创业多年，回顾星辰，历历在目，有荣耀，有艰辛；有高潮，有低谷。创业伊始，奇迹公司只有三个人，仅仅靠这三个人，怎么才能在美妆业打下一片江山并且保持业绩持续增长呢？如果一定要说有什么秘密武器，那就是我们刻在骨子里的“奇人精神”——把不可能变成可能。我们靠着这种精神，一次次战胜了跨行创业的危机；我们靠着这种精神，一次次跨越了组织的第二曲线成长。如果奇迹公司有什么“无价之宝”，我想应该就是“奇人精神”。

平凡的像草一样的你我，没有背景，没有资源，没有可以“拼”的“爹”，我们唯一可以拼的就是我们自己，唯一的机会就是“榨干”我们自己。

创业的路上没有捷径。“自逼者为王，他逼者为奴。”

创业是一场又一场的考试。愿我们一如既往，不忘初心，砥砺前行。

最后，感谢奇迹公司的家人对我一直以来“无厘头”的信任和支持，我才可以有勇气、不孤独地走向前方。